QU'EST-CE QUE TU ? FAIS DE BEAU

Photographies de CINQMAI

W0315812

Fimo : Yes we canes !

par La petite épicerie

EYROLLES

abra cada craft

Sommaire

Bonus vidéo

VIDÉO

DÉCOUVREZ UN PORTRAIT DE TOUTE L'ÉQUIPE DE LA PETITE ÉPICERIE + TOUTES LES TECHNIQUES À CONNAÎTRE POUR RÉALISER LA CANE *MAKI CALIFORNIA* (P. 45) GRÂCE À UN TUTO VIDÉO.

http://bit.ly/19ifk2D

• LE KIT •

Coupes glacées

VOTRE MINI-MAGAZINE CRÉATIF

5 SUPERS TUTOS

+ COLLIERS
+ BOUCLES D'OREILLES
+ BAGUES
+ BARRETTES
+ PUCES D'OREILLES

SÉLECTION DES MEILLEURS BLOGS CRÉATIFS

L'INTERVIEW DE LA CRÉATRICE " DIVINE SWEETNESS "

PLEIN DE TRUCS & ASTUCES DIY

UN ALBUM PHOTOS POUR S'INSPIRER

Mes bijoux gourmands

• LE KIT •

SOMMAIRE

Ce mag est édité par La Petite Épicerie,
boutique en ligne de loisirs créatifs qui propose toutes les fournitures indispensables à la création de bijoux gourmands !
Enrichie d'une gamme mercerie, papeterie, cuisine créative et beaux-arts, La Petite Épicerie offre de nombreuses possibilités de créer soi-même au sein d'une très grande communauté de passionnés.

© Deeds of the dames

© Sprinkle Bakes

© Sprinkle Bakes

© Feerie

© Opacity

L'ALBUM PHOTOS D'INSPIRATIONS

Faites le plein d'idées créatives

© Sprinkle Bakes

© Yellowpeony

© Gordonramsaysumissions

© Sprinkle Bakes

LES SUPERS TUTOS

Tuto n°1 : la coupe de l'été

1.

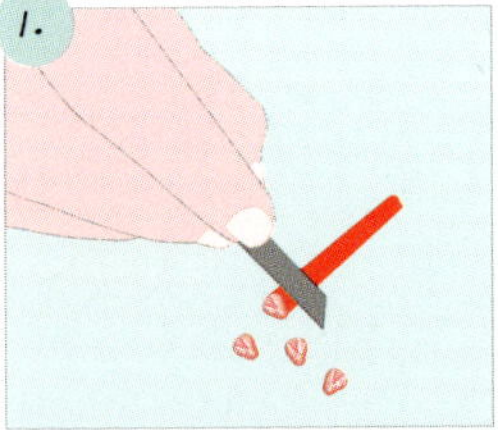

Commencez par couper des tranches de canes à l'aide de la lame.

2.

Placez les tranches de canes dans la coupe.

3.

Séparez la poche de chantilly de la poche à douille, coupez le bout des deux poches.

4.

Placez l'embout dans la poche vide, puis ajoutez la poche de chantilly.

5.

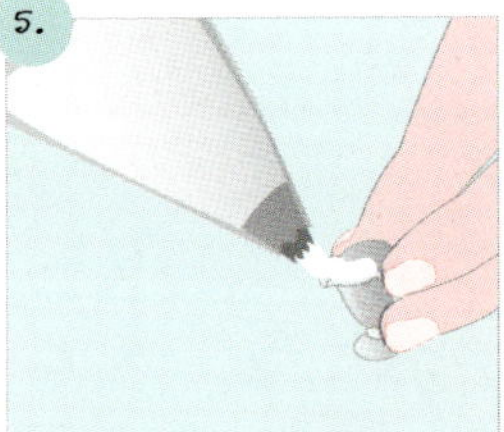

Appliquez la chantilly sur la coupe en effectuant un mouvement de spirale.

6.

Placez le piton sur le côté que vous estimez être le moins joli.

7.

Ajoutez des tranches de canes pour décorer la chantilly.

8.

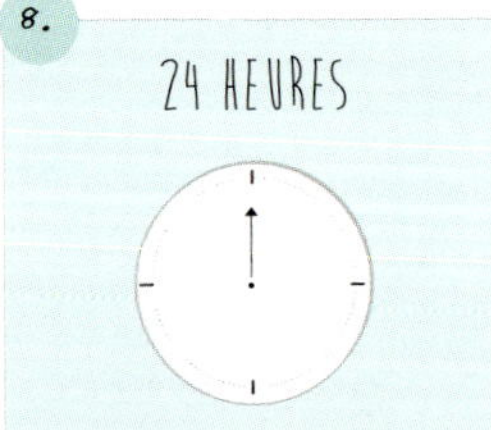

Laissez sécher 24 heures.

ASTUCES

Pour porter la coupe glacée en collier, coupez un bout de chaîne bille à la longueur de votre choix, glissez votre création dans la chaîne, puis clipsez les deux extrémités de la chaîne dans le fermoir.

LES SUPERS TUTOS

Tuto n°2 : la bague crémeuse

1.

Déposez une jolie goutte de chantilly en forme de meringue sur le support de bague.

2.

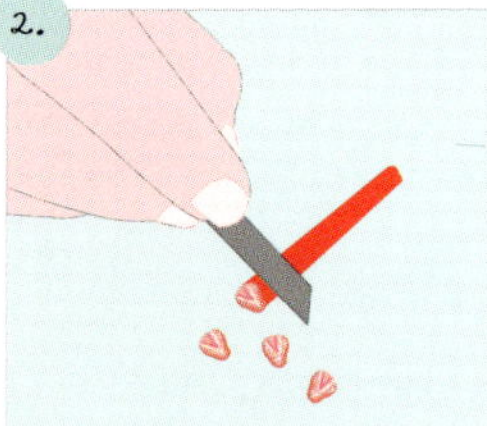

Découpez vos tranches de canes avec une lame.

3.

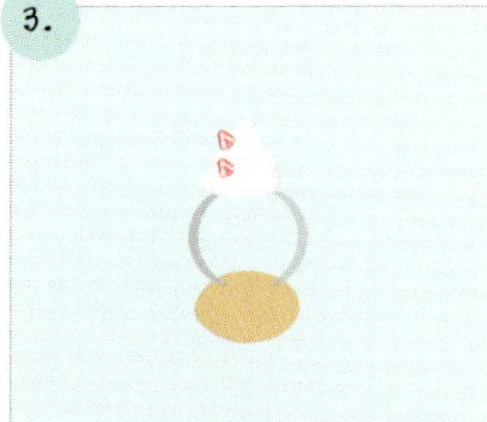

Ajoutez les tranches dans la chantilly. Laissez sécher 24 heures.

Tuto n°3 : la barrette "ramène ta fraise"

1.

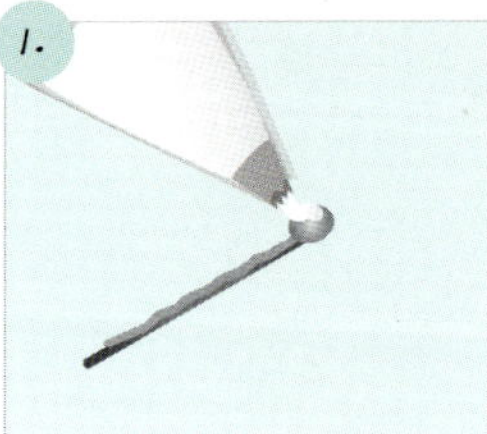

Déposez votre support de barrette sur une surface plane face à vous. Réalisez une jolie goutte de chantilly en forme de meringue sur la barrette.

2.

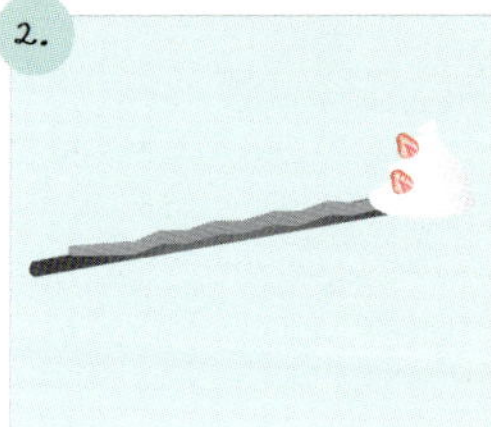

Découpez vos tranches de canes à l'aide de la lame. Ajoutez quelques tranches de canes dans la chantilly.

3.

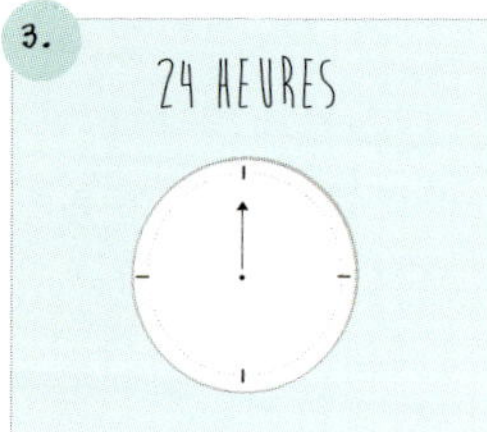

Laissez sécher 24 heures.

ASTUCES

Calez votre support de bague ou de barrette dans de la pâte Fimo fraîche pour vous faciliter le travail!

LES SUPERS TUTOS

Tuto n°4 : les petites puces d'oreilles

1.

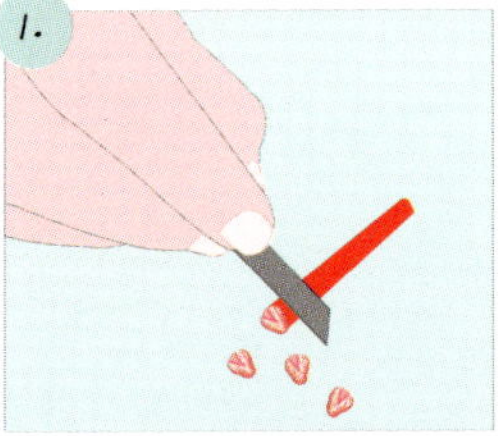

Coupez quelques tranches de canes à l'aide de la lame.

2.

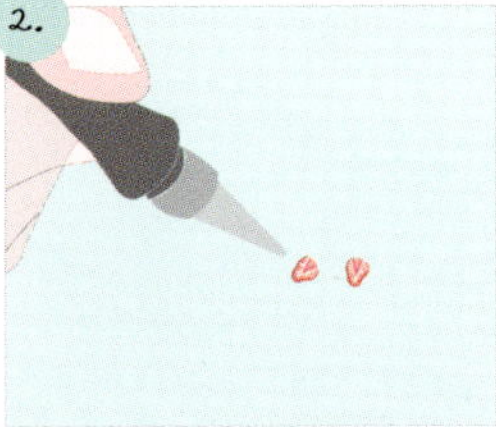

Déposez un point de colle sur les deux tranches de canes.

3.

Collez vos puces d'oreilles sur les tranches de canes. Laissez sécher 2 heures.

Tuto n°5 : les boucles petites cuillères gourmandes

1.

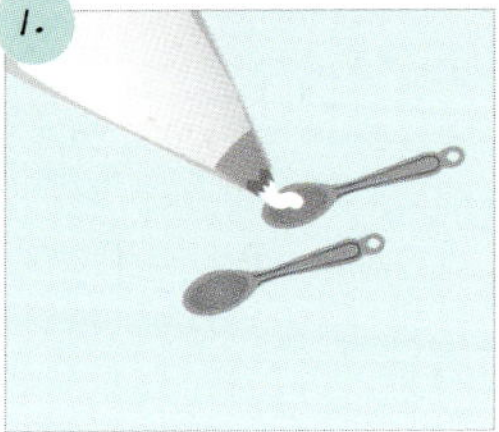

Déposez une jolie goutte de chantilly dans le creux de la petite cuillère.

2.

Coupez quelques tranches de canes à l'aide de la lame. Puis ajoutez vos décorations sur la chantilly.

3.

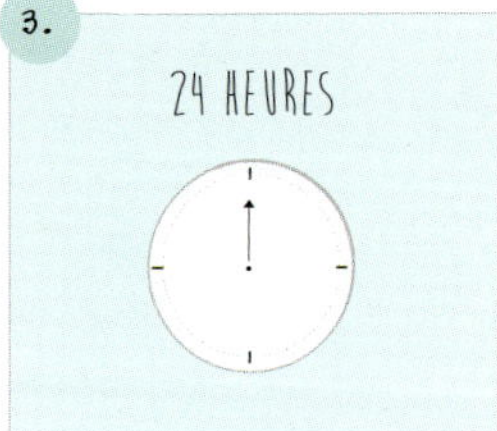

Laissez sécher 24 heures.

4.

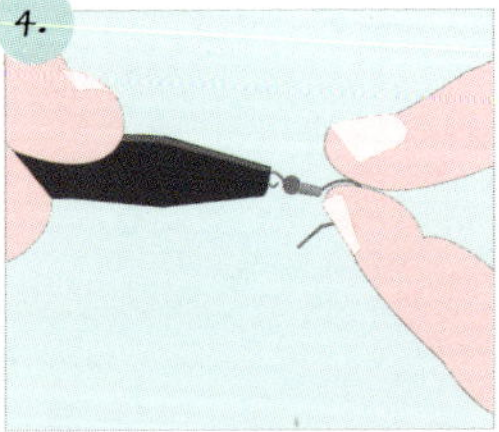

À l'aide d'une pince plate ou d'une pince à épiler, ouvrez l'anneau du crochet d'oreille.

5.

Glissez le bijoux dans l'anneau puis refermez-le.

L'INTERVIEW

Découvrez la créatrice "Divine sweetness"

Cette femme au foyer (pas désespérée) américaine,
maman de trois enfants a trouvé une façon très efficace d'occuper
ses après-midi, et ceux de ses bambins : la pâte polymère !
Un style romantique et doux, à croquer !

. COMMENT AVEZ-VOUS COMMENCÉ LA PÂTE POLYMÈRE ?

J'ai toujours été très créative dans de nombreux domaines artistiques. Lorsque j'ai découvert la pâte polymère, j'ai tout de suite été passionnée. Je me suis rendue compte qu' avec cette technique je pouvais réaliser tout ce que j'imaginais.

. QUELS SONT VOS CONSEILS DE PRO POUR RÉUSSIR UN BEAU CUPCAKE ?

Toujours appuyer, exagérer lorsque l'on travaille les textures.

. QUELLES SONT VOS INSPIRATIONS ?

Je tire mon inspiration de vraies nourritures, les couleurs sont généralement merveilleuses. J'aime particulièrement regarder les stands du marché tout y est présenté comme un arc-en-ciel de couleurs!

. ÊTES-VOUS AUSSI GOURMANDE DANS LA VIE ?

Incontestablement! Quand je visite un pays, j'essaye toujours de goûter la cuisine locale. Je mange de tout mais jamais d'animaux exotiques.

. OÙ POUVONS NOUS SUIVRE VOS PROJETS ?

- Vous pouvez retrouvez mes projets sur Etsy :
http://www.etsy.com/fr/shop/DIVINEsweetness
- Vous pouvez également vous rendre sur mon blog:
http://miniaturefoodjewelryonetsy.blogspot.fr

Lily

ASTUCES CADEAUX

Réalisez vos pochettes surprises

Mots doux et gentillesses

COMMENT FAIRE SOI-MÊME SA POCHETTE CADEAU À MOTIFS?

1.

Le patron de la pochette cadeau est intégré dans ce magazine page 13!
Vous pouvez enlever cette page de votre magazine puis découper le patron selon les pointillés.

2.

Une fois votre patron découpé, repliez les côtés selon les dessins ci-dessous.

3.

Ajoutez un point de colle pour fermer votre pochette cadeau. Vous pouvez fermer avec une petite étiquette à découper sur cette même page.

Retrouvez plein d'autres motifs à télécharger ici: http://la-petite-epicerie.fr/kit

Mignon à croquer

adorables gourmandises

Cadeau gourmand

Mignon
à
croquer

SÉLECTION DES MEILLEURS BLOGS

Les sites les plus créatifs de la toile

MODELAGE

www.youtube.com/user/MissCreatives
www.miniaturefoodjewelryonetsy.blogspot.fr
www.abracadabulle.blogspot.fr

DIY

www.makemylemonade.com
www.youtube.com/user/isnata
www.abracadacraft.com

CUISINE

www.liliebakery.fr
www.sprinklebakes.com
www.call-me-cupcake.blogspot.fr

SHOPPING

www.la-petite-epicerie.fr

TOUS LES KITS DE LA COLLECTION

COUPES GLACÉES - DONUTS - CUPCAKES - BONBONS - TARTES

LA PETITE ÉPICERIE

Introduction

La petite épicerie est bien plus qu'une boutique en ligne de fournitures pour loisirs créatifs. C'est pour nos visiteurs un espace d'échanges dédié aux créateurs et au fait main. Toute une communauté s'y retrouve, autour d'un plaisir commun : la création.

Parmi notre grande sélection de fournitures, choisies par nos soins et renouvelées chaque jour, notre produit fétiche, ce sont les canes. Ces bâtons de pâte Fimo aux formes infinies (bonbon, fruit, gâteau, étoile...) permettent une fois découpés en tranche de personnaliser toutes sortes d'objets : un bijou gourmand, un paquet cadeau, un photophore, une coque de téléphone... Avec cet ouvrage, vous ferez le plein d'idées créatives autour de la pâte polymère et des canes, que vous pourrez même apprendre à réaliser vous-même !

Que vous soyez expert ou débutant, vous trouverez toutes les explications nécessaires pour utiliser ces petits bâtons. Mais attention, vous risquez de devenir accro !

Les petits épiciers

LA PETITE ÉPICERIE

Le MATÉRIEL et les TECHNIQUES

Les FOURNITURES INDISPENSABLES

Voir la photo p. 7

Le travail de la pâte polymère ne nécessite pas un matériel très compliqué ni très onéreux. Vous trouverez dans la maison beaucoup de petits objets (cure-dents, cutter, fourchette...) qui pourront vous servir d'outils pour débuter.

★ La pâte polymère

La pâte polymère ressemble à la pâte à modeler, à la différence qu'on peut la faire durcir en la cuisant. Lisse et malléable, elle est idéale pour tous ceux qui souhaitent transformer leur modelage en création de bijouterie ou de décoration.
La pâte Fimo, que nous avons utilisée pour les créations de ce livre, est la pâte polymère la plus répandue. Il existe cependant d'autres marques (Cernit, Sculpey...) qui proposent des pâtes d'aussi belle qualité.

LES PAINS DE PÂTE

La pâte polymère est conditionnée sous différentes formes. La plus courante est le pain de pâte (1), vendu en bloc de 350 ou de 56 g. Ce dernier suffira amplement pour les projets développés dans ces pages.
Ces pains sont déclinés en plusieurs duretés, de la plus dure (Fimo Classic) à la plus malléable (Fimo Soft). La gamme de couleurs et d'effets disponible est très vaste, et compte notamment des pâtes à paillettes ou des pâtes fluorescentes.
Les couleurs sont miscibles entre elles. Nous vous conseillons donc pour démarrer d'acheter des couleurs primaires, puis de réaliser des mélanges, comme vous le feriez avec de la peinture.
Pour chacune des créations de cet ouvrage, nous vous donnons la référence exacte de la pâte que nous avons utilisée. Libre à vous ensuite de suivre nos indications ou de vous en éloigner.

LES CANES ET LES TRANCHES

Les canes de pâte polymère (2) sont de petits tubes en pâte mesurant environ 5 mm de diamètre et 5 cm de long. Ces canes ont été réalisées par des machines, spécialement pour La petite épicerie. Voilà pourquoi elles sont parfaitement régulières et réalistes. Il existe énormément de modèles différents, vous trouverez donc forcément votre bonheur !

Bon à savoir *Pour chacune des créations du livre, nous avons indiqué la référence des canes, ce qui vous aidera à les retrouver facilement dans notre boutique (74, rue de la Verrerie, 75004 Paris) ou sur le site de La petite épicerie (www.la-petite-epicerie.fr).*

Ces canes ont été précuites pour éviter qu'elles ne se déforment au moment de la coupe. Vous pouvez les faire recuire si besoin, ou les utiliser telles quelles dans vos créations, cela ne modifiera pas leur apparence.
Il est également possible de se procurer directement des canes déjà découpées en tranches (3). Là encore, la découpe a été exécutée par des machines, ce qui permet d'obtenir des tranches d'une grande finesse, idéale pour le nail art notamment (voir p. 42).

★ Le ramolisseur

La pâte polymère a tendance à durcir avec le temps, surtout si vous ne la conservez pas dans un récipient hermétique à température ambiante. Pour y remédier, mélangez une noisette de ramolisseur (4) à votre pâte. Celle-ci redeviendra comme neuve et sa couleur ne sera pas altérée. Ayez toutefois la main légère avec ce produit, car le ramolisseur rend les créations moins rigides après cuisson.

★ La colle pour bijoux

Une colle forte spécifique (5) est indispensable si vous souhaitez réaliser des bijoux qui durent dans le temps.

★ Le vernis

La pose d'un vernis (6) n'est pas indispensable, mais celui-ci protégera votre création et unifiera l'aspect de l'ensemble. Il en existe de plusieurs types : mat, brillant ou satiné. Le vernis s'applique après la cuisson à l'aide d'un pinceau fin et sèche à l'air.

★ Les apprêts et breloques

Les apprêts (anneaux, fermoirs, supports de broches ou de boucles, etc.) (7) vous permettront de terminer vos bijoux. Ces petits accessoires métalliques sont tout simplement indispensables. Il en existe de différents styles et couleurs : à vous de choisir ceux qui seront les mieux adaptés à vos créations.
Pour donner à vos créations une touche de fantaisie, n'hésitez pas à y ajouter des breloques de toutes sortes.

★ La machine à pâte

L'OUTILLAGE

Quand on se lance dans la création en pâte polymère, la machine à pâte (8) devient très vite indispensable ! Cet outil vous permet de réaliser des plaques unies, de plusieurs couleurs ou dégradées, et d'épaisseur parfaitement uniforme. Une molette permet de moduler l'épaisseur des plaques selon vos besoins. La machine à pâte sert également à pétrir et mélanger plus rapidement vos teintes de pâte polymère. Son coût étant relativement élevé, vous pouvez utiliser un rouleau à la place.

★ Le rouleau

Il en existe de plusieurs types : en plastique, en bois, en Inox... Préférez un petit rouleau en plastique (9), qui accrochera moins la pâte que les autres.

★ La seringue à vis Claygun (ou extrudeuse)

Cette seringue (10) vous permet d'extraire différentes formes en pâte polymère, grâce aux pastilles métalliques (11) fournies avec. Vous pourrez ainsi créer ronds, carrés, triangles, gouttes, demi-cercles, cœurs...

★ Les pinces

Elles sont indispensables pour transformer vos créations en bijoux. Nous vous conseillons d'acheter des mini-pinces spéciales bijoux, qui sont plus maniables et ne risquent pas d'abîmer vos réalisations. Les pinces coupantes (12) permettent de découper les matériaux les plus durs, tels que le métal. Les pinces à bout rond servent à créer de jolies boucles à l'extrémité de vos tiges en métal. Les pinces plates (13) sont utilisées pour maintenir ou écraser, tandis que les pinces fines (14) permettent de manipuler de tout-petits objets.

Les AUTRES FOURNITURES

Pour la découpe de la pâte, vous aurez besoin de lames spéciales pâte polymère (15) et de petites lames (16) pour découper les canes. Un cure-dents (17) vous permettra de sculpter la pâte.
Il est utile d'avoir toujours des lingettes à portée de main (18), afin de retirer les traces de doigts laissées sur vos créations. Elles sont également très pratiques pour se nettoyer les mains car la pâte polymère a tendance à déteindre.

D'autres fournitures vous seront nécessaires pour réaliser les créations de ce livre, notamment de la colle blanche en flacon (19), des ciseaux (20), une règle (21), un pinceau (22), un crayon à papier (23) et un stylo (24), du fil de couture (25) et une aiguille (26), du ruban (27), du masking tape de couleurs et de largeurs variées (28), du vernis à ongles (29)...
Enfin, du papier cuisson (ou papier sulfurisé) (30) vous servira pour la cuisson des pièces.

À savoir *Les fournitures nécessaires à chaque projet sont listées au début des explications. La plupart sont en vente sur le site de La petite épicerie (www.la-petite-epicerie.fr) ou dans les boutiques de loisirs créatifs.*

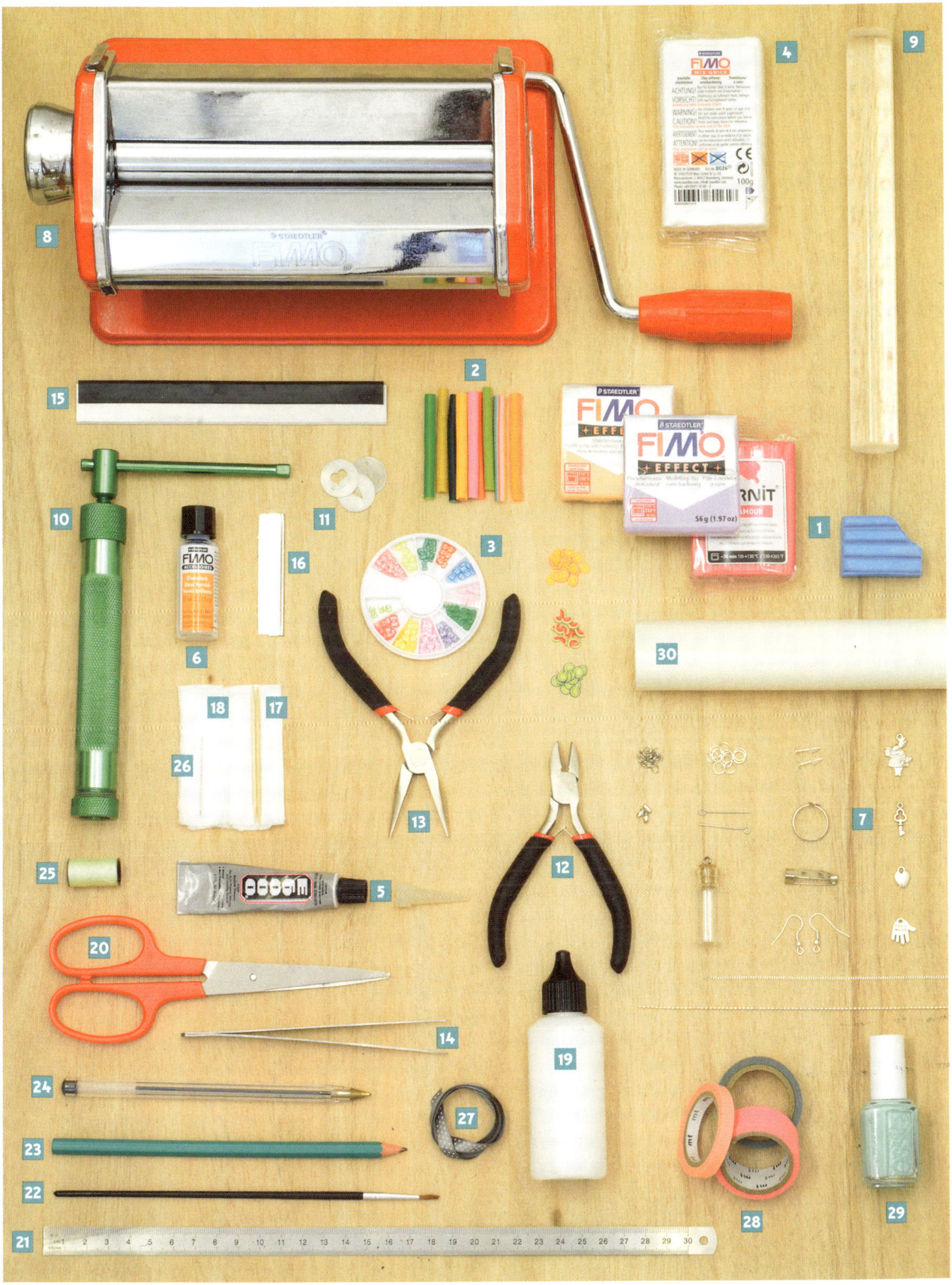
8
4
9
STAEDTLER
FIMO
FIMO MIX QUICK
100g
15
2
STAEDTLER
FIMO
EFFECT
56 g (1.97 oz)
10
11
1
6
FIMO
ACCESSOIRES
16
3
30
18
17
26
13
7
12
25
5
20
14
19
24
27
23
22
28
29
21

Les TECHNIQUES de BASE

★ Couper une cane

Pour obtenir des tranches de cane fines et précises, vous devez utiliser une petite lame de découpe spécialisée.

Déposez votre cane sur un support dur qui ne craint pas les rayures, comme une planche à découper ou un tapis de découpe par exemple. Tenez-la fermement d'une main, et saisissez la lame de l'autre (côté non coupant). La tranche doit être coupée en une seule fois et non par à-coups. Évitez donc de reproduire les mouvements de va-et-vient d'une scie ou d'un couteau à pain, et tranchez net.

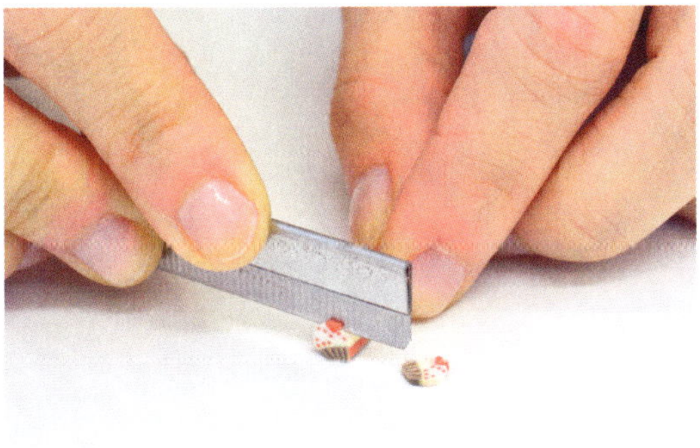

★ Réaliser un colombin

Prélevez une boule de pâte et malaxez-la. Puis roulez-la avec la paume et les doigts sur une surface plane, jusqu'à ce qu'elle prenne la forme d'un boudin. Continuez jusqu'à obtenir l'épaisseur et la longueur souhaitées.

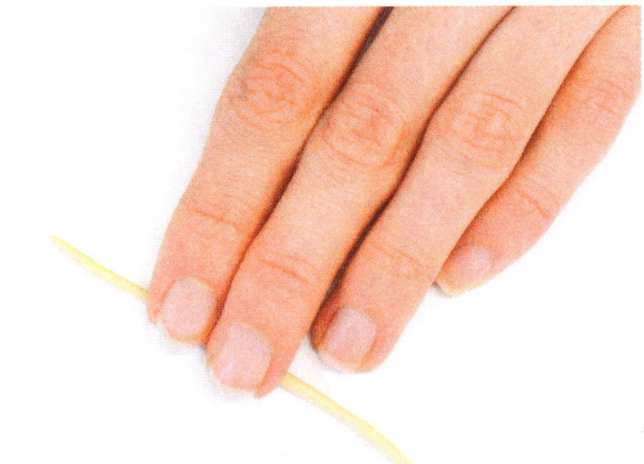

★ Créer un dégradé de pâte

Réalisez deux triangles rectangles avec deux morceaux de pâte polymère aux couleurs de votre choix. Emboîtez-les de manière à ce qu'ils forment un rectangle mais sans les mélanger. Pliez l'ensemble en deux, dans le sens de la longueur, et passez une fois à la machine à pâte. En s'aplatissant, la forme s'étale et la frontière entre les deux couleurs devient moins nette. Pliez de nouveau et repassez dans la machine à pâte, toujours dans le même sens (horizontal). Répétez l'opération une vingtaine de fois, jusqu'à ce que votre dégradé vous convienne.

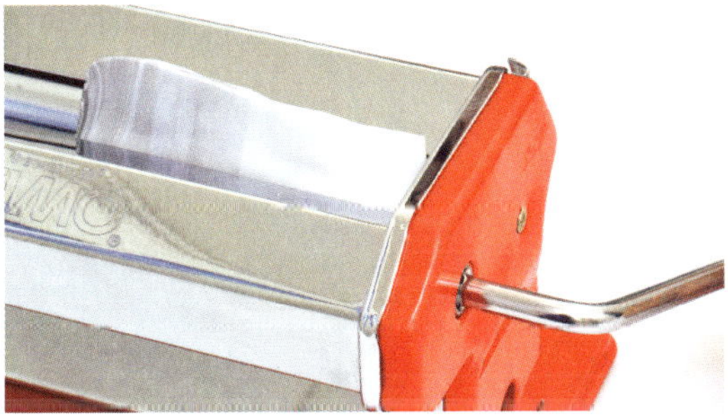

À savoir *Vous pouvez également réaliser des dégradés à l'aide du rouleau, toutefois le résultat sera moins régulier qu'avec la machine.*

★ Ouvrir et fermer un anneau

À l'aide de deux pinces à bijoux, ouvrez l'anneau en écartant ses deux extrémités perpendiculairement à lui-même, et non horizontalement pour ne pas le déformer. Le mouvement à effectuer pour refermer l'anneau est le même que pour l'ouvrir, mais dans le sens inverse : rapprochez les deux extrémités au lieu de les éloigner.

• PUCES D'OREILLES GOURMANDES •

Une paire de boucles pour chaque jour de la semaine… Vous pourrez changer de boucles d'oreilles comme de chemise, et ce sans aucun scrupule ! Après avoir commencé, on ne doute pas que vous remplirez rapidement tout l'almanach !

NIVEAU DE DIFFICULTÉ : ★

★ Matériel

- 7 canes gourmandes (réf. 019992)
- 7 paires de puces d'oreilles et leurs fermoirs en silicone (réf. 123014)
- Lame pour découper les canes
- Colle forte pour bijoux (avec embout de préférence)

Découpe des canes

1. Sur une planche à découper ou un autre support ne craignant pas les rayures, coupez deux tranches fines de chaque cane à l'aide de la lame (a, b).

Assemblage

2. Disposez deux tranches d'une même cane sur un support plat puis appliquez un point de colle sur l'envers de chacune d'elles (c).

3. Appliquez le plateau rond des puces d'oreilles contre les tranches de cane bien perpendiculairement. Prenez garde à bien centrer le plateau sur les tranches de cane de sorte qu'il ne dépasse pas (d).

4. Répétez l'opération avec vos six autres canes. Laissez sécher 24 heures (e).

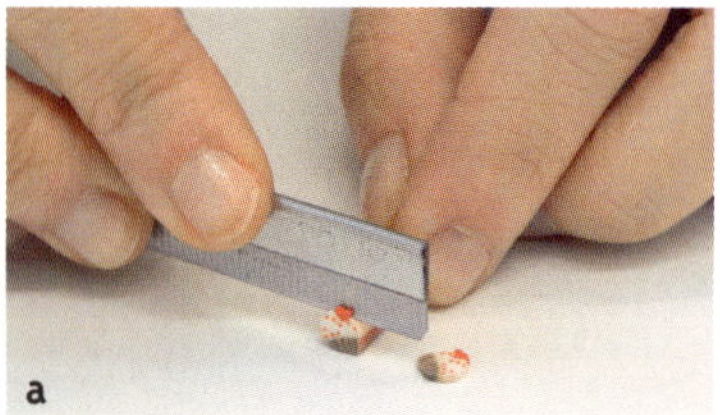
a

b

c

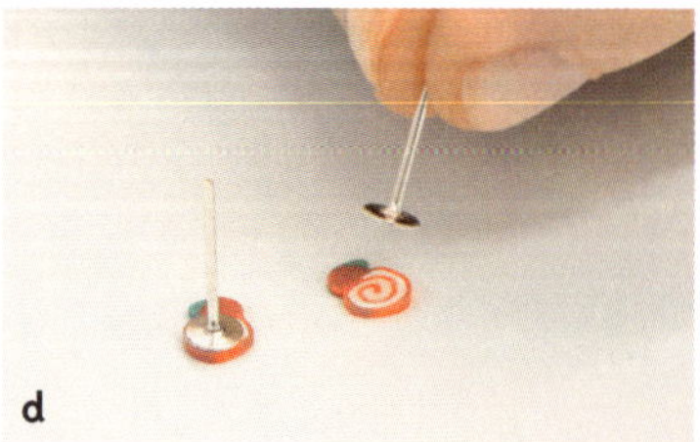
d

e

Variante

Vous pouvez bien sûr utiliser tous les modèles de canes qui vous plaisent pour réaliser ces boucles, ou pourquoi pas, vous lancer dans la customisation de lunettes de soleil !

• PORTE-CLÉS FIOLE *ALICE AU PAYS DES MERVEILLES* •

Réalisez facilement votre porte-clés personnalisé aux couleurs des héros de votre enfance. Une fiole en verre, quelques breloques et un bout de ruban suffisent pour vous transporter dans un monde imaginaire ! De quoi se remémorer au quotidien qu'il est essentiel de rêver...

NIVEAU DE DIFFICULTÉ : ★

★ Matériel

- 4 canes carte à jouer cœur, trèfle, carreau et pique (réf. 019996)
- Fiole en verre (réf. 290007)
- Breloque petite clé argentée (réf. 131001)
- Breloque argentée lapin d'Alice (réf. 134010)
- Breloque argentée tasse de thé (réf. 132016)
- 10 cm de ruban de satin bleu à pois blanc, largeur 6 mm (réf. 455014)
- Clou à œil argenté Ø 25 mm
- Fermoir griffe pour biais Ø 5 mm
- Chaîne d'extension argentée largeur 50 mm
- Anneau de porte-clés
- 3 anneaux argentés foncés Ø 5 mm
- Lame pour découper les canes
- Pince à bouts ronds
- Pince plate
- Pince coupante
- Ciseaux de couture
- Colle forte pour bijoux (avec embout de préférence)

Assemblage de la fiole

1. Pour commencer, découpez quatre tranches épaisses, d'environ 1 mm d'épaisseur, dans chacune de vos canes (a).

2. Ouvrez votre pendentif fiole en verre et remplissez-le avec les tranches obtenues à l'étape précédente (b). Elles doivent occuper environ un tiers du volume de la fiole.

3. Dévissez doucement le piton pré-intégré dans le bouchon, et retirez-le complètement (c).

4. Remplacez-le par un clou à œil argenté de 25 mm de long. Insérez-le bien verticalement dans le trou laissé par le piton, jusqu'à transpercer le bouchon de liège de l'autre côté. Pour préserver la résistance de ce dernier, veillez à ce que le clou ressorte bien au milieu (d).

5. À l'aide d'une pince à bouts ronds, formez un anneau avec la partie du clou qui dépasse sous le bouchon (e).

Si votre clou à œil est de la bonne dimension, il devrait vous rester la longueur exacte pour former l'anneau. Si ce n'est pas le cas, coupez le surplus avec une pince coupante. Ne fermez pas complètement l'anneau.

>>

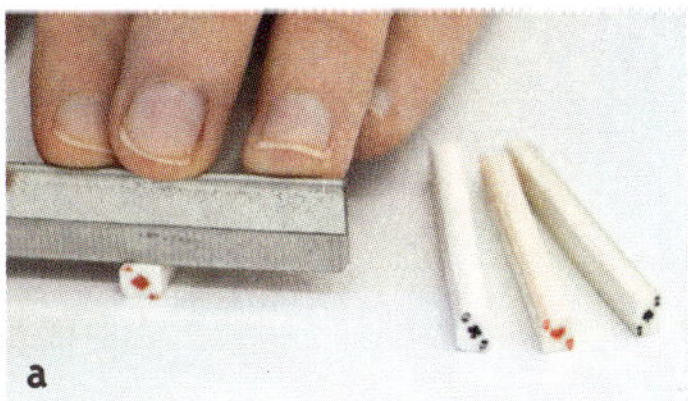

a

b

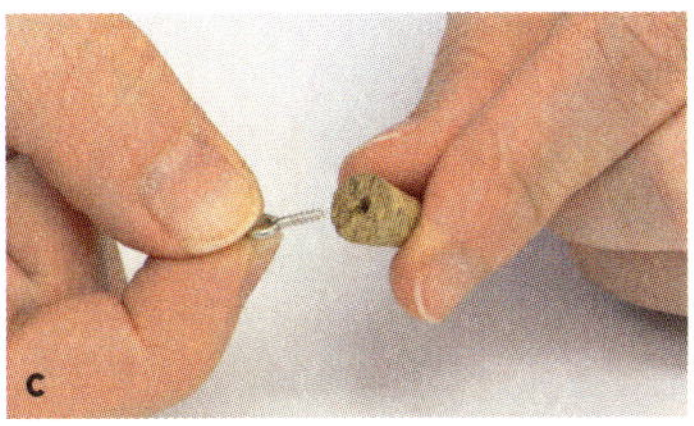

c

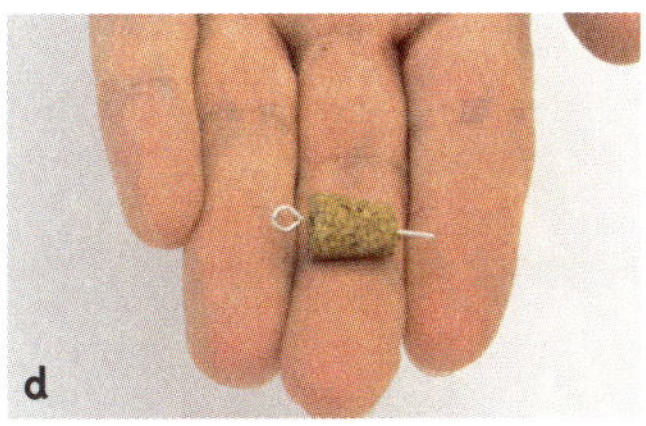

d

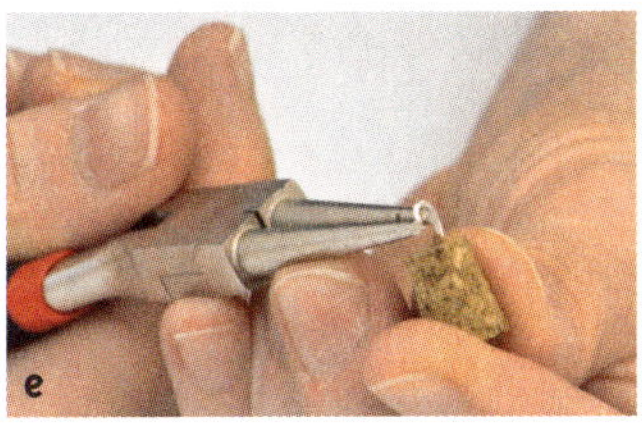

e

>>

6. Insérez votre breloque petite clé argentée dans l'anneau que vous venez de former. Refermez-le ensuite avec la pince plate en écrasant légèrement la boucle (f).

7. Appliquez une ou deux gouttes de colle forte pour bijoux sur le pourtour du bouchon de liège et rebouchez la fiole (g, h). Cela devrait suffire à maintenir définitivement votre fiole fermée. Laissez sécher quelques minutes.

Préparation du ruban

8. Coupez environ 10 cm de ruban de satin bleu à pois. Pliez celui-ci en deux dans la longueur, en vous assurant que les pois blancs sont bien du côté visible (i).

9. À l'aide d'une pince plate, maintenez votre fermoir griffe ouvert : tel une mâchoire de crocodile, il est ainsi prêt à être refermé facilement. Placez ensuite votre double épaisseur de ruban, côté pli, à l'intérieur de la griffe, puis refermez celle-ci de manière à y emprisonner le ruban (j).

N'hésitez pas à bien appuyer avec la pince sur toute la surface de la griffe, de manière égale, afin d'être sûr que le ruban ne puisse pas s'échapper.

Conseil *Pour que le résultat soit esthétique, il est important que la griffe et le ruban utilisés aient quasiment la même largeur.*

10. À l'aide de ciseaux de couture, coupez les deux extrémités du ruban restées libres. Coupez de biais et d'un seul coup de ciseaux en suivant la ligne formée par les pois (k).

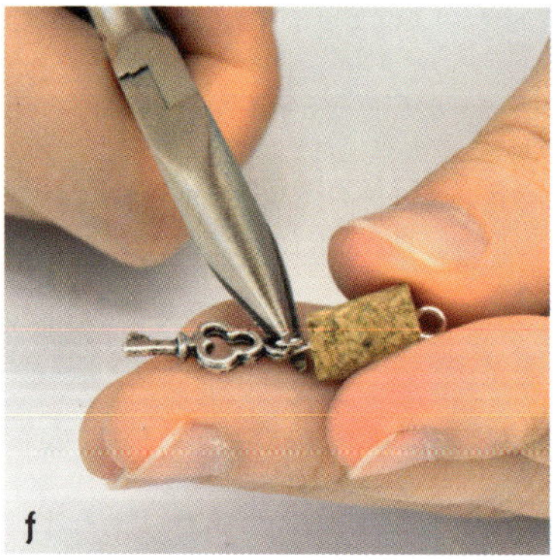

f

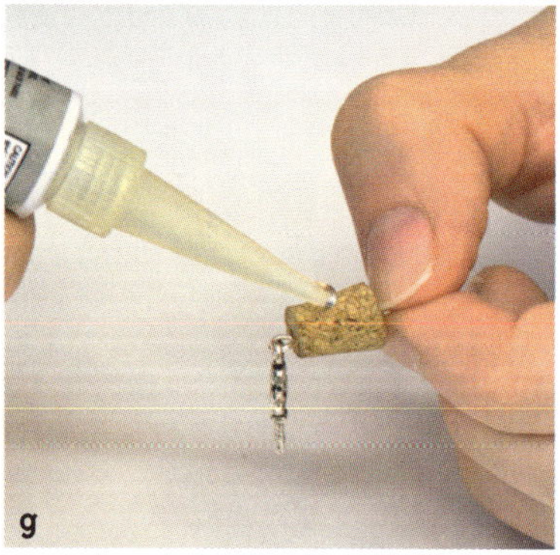

g

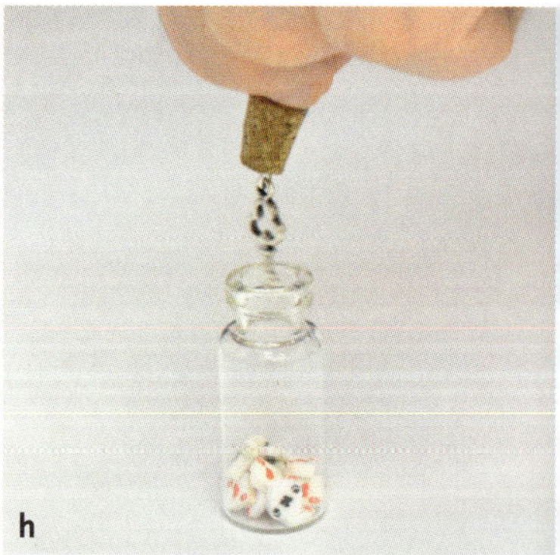

h

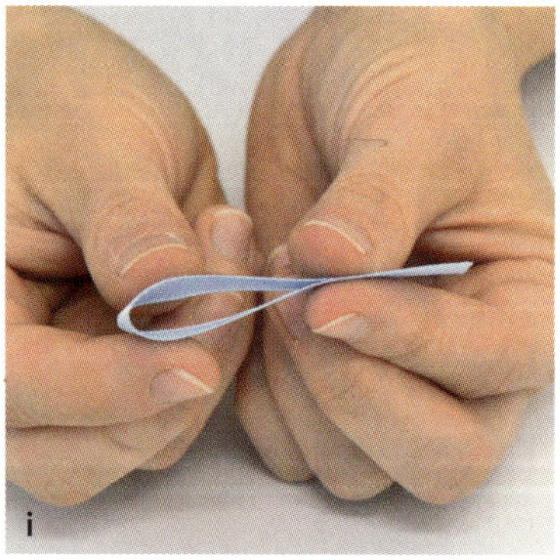

i

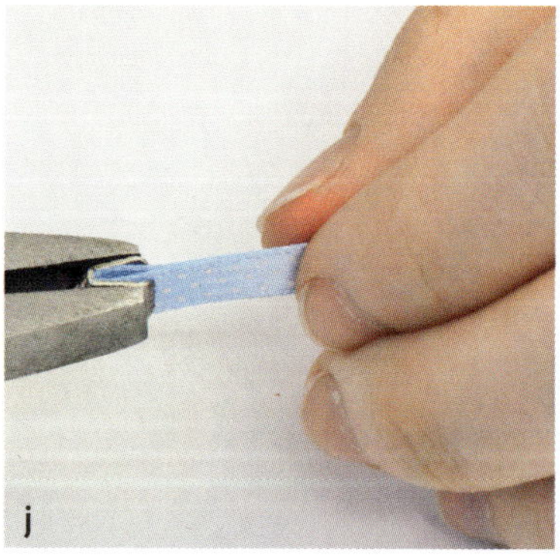

j

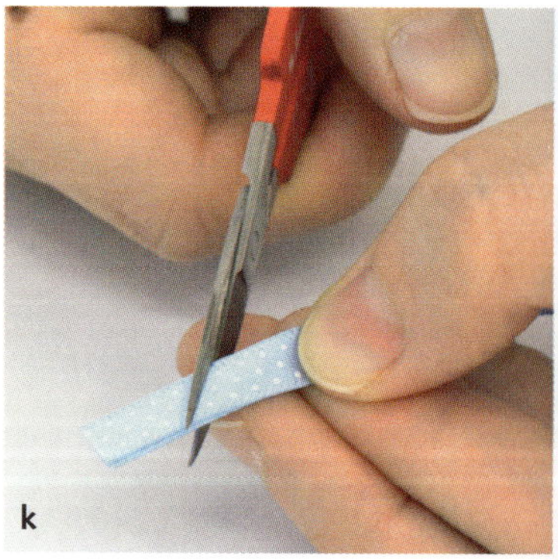

k

Montage du porte-clés

11. À cette étape, il ne vous reste plus qu'à assembler tous les éléments pour former votre porte-clés. Pour cela, glissez le premier maillon de votre chaîne d'extension argentée dans un anneau de porte-clés (l). Nous avons opté pour un anneau cranté de 3 mm d'épaisseur et de 2,5 cm de diamètre.

12. Munissez-vous de trois petits anneaux argentés de 5 mm de diamètre. À l'aide de deux pinces, ouvrez-les en écartant latéralement leurs deux extrémités, et non horizontalement pour ne pas déformer les anneaux (m).

13. Placez la première breloque argentée, celle à l'effigie du célèbre lapin d'*Alice au pays des merveilles*. Insérez-la dans un anneau préalablement ouvert, puis accrochez le tout au troisième maillon de votre chaîne d'extension. Refermez l'anneau, en suivant le même mouvement que vous avez effectué pour l'ouvrir, mais dans le sens inverse (n).

14. Accrochez la tasse de thé argentée au septième maillon de la chaîne d'extension, en procédant de la même manière que pour la breloque précédente (o).

15. Installez le ruban deux maillons plus loin (p).

16. Pour terminer, ouvrez doucement le dernier maillon de la chaîne d'extension et insérez-y le pendentif fiole, avant de le refermer comme tous les autres anneaux (q). Accrochez-y de vraies clés et le tour est joué !

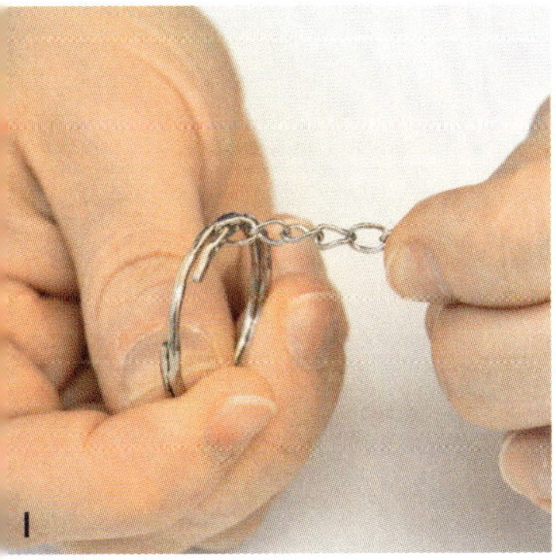
l

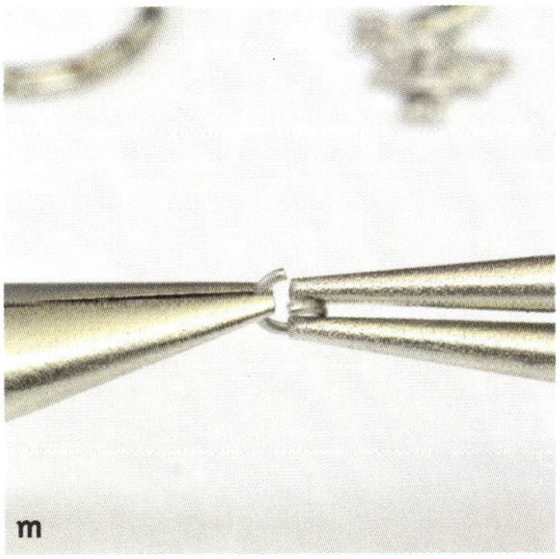
m

n

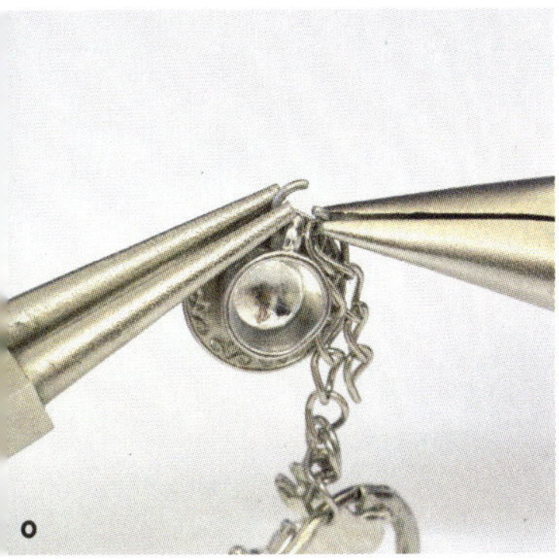
o

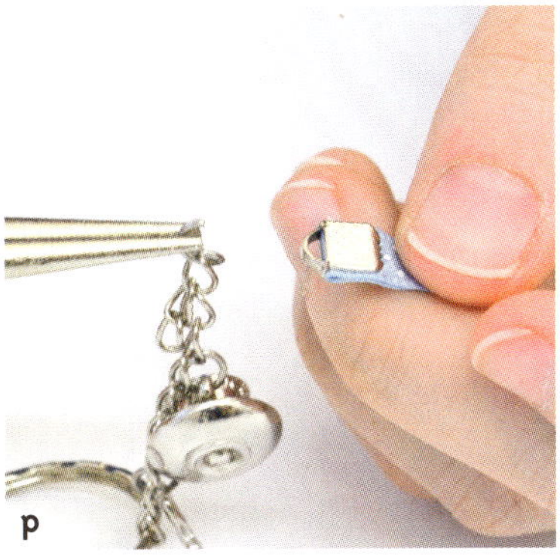
p

q

• BAGUE TARTELETTE •

Pommes, poires, fraises, kiwis ou fruits rouges... Réalisez une miniature de votre dessert préféré que vous monterez ensuite en bague, barrette ou collier selon vos envies. Facile, rapide et délicieux pour les yeux comme pour la ligne. Un « Do it yourself » à croquer !

NIVEAU DE DIFFICULTÉ : ★ ★

★ Matériel

Pâte Fimo classic champagne n° 02
Pâte Fimo soft rouge indien n° 24
Pâte Fimo soft noir n° 9
Stylo-tube de faux coulis « gelée » (réf. 052026)
Cane orange (réf. 010026)
Cane pamplemousse (réf. 010045)
Cane kiwi (réf. 010061)
Assiette miniature aux bords ondulés (réf. 211004)
Support de bague argenté ajustable Ø 17 mm
Seringue à vis Claygun (facultatif)
Pince fine ou pince à épiler
Lame pour découper les canes
Aquarelle ocre
Pinceau fin (taille 8 de préférence)
Colle forte pour bijoux (avec embout de préférence)
Cure-dents
Papier cuisson

★ Cuisson

20 minutes dans un four à 110 °C

Astuce *Si vous possédez une seringue à vis Claygun, réalisez vos colombins avec, ils seront ainsi parfaitement fins et réguliers. Pour cela, roulez un morceau de pâte polymère ramolli pour former un colombin du diamètre de la seringue, déposez la pâte dans le corps de la seringue et tournez le piston pour l'extraire.*

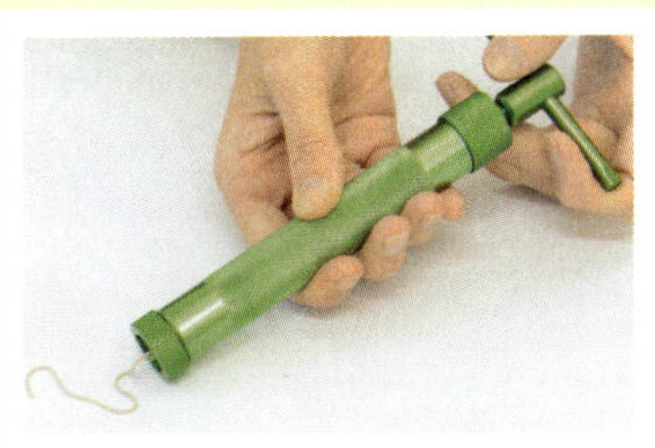

Confection de la tartelette

1. Réalisez une boule de la taille d'un petit pois avec la pâte Fimo couleur champagne (a).

2. Écrasez cette boule avec l'index pour réaliser une plaque ronde qui vous servira de fond de tarte (b).

3. Prenez ensuite une autre petite boule de pâte couleur champagne puis réaliser deux colombins longs et fins (c).

4. Torsadez-les entre eux pour obtenir le tour de tarte (d).

5. Appliquez minutieusement la torsade autour du fond de tarte, en appuyant délicatement pour la faire adhérer. Coupez ce qui dépasse en biseau à l'aide de la lame (e). Joignez les deux extrémités du tour de tarte en lissant soigneusement la jointure.

>>

a

b

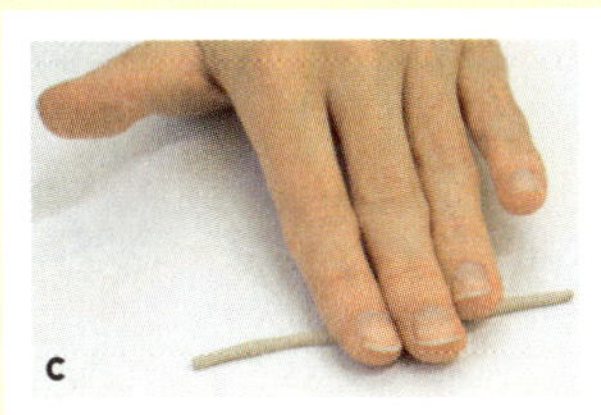
c

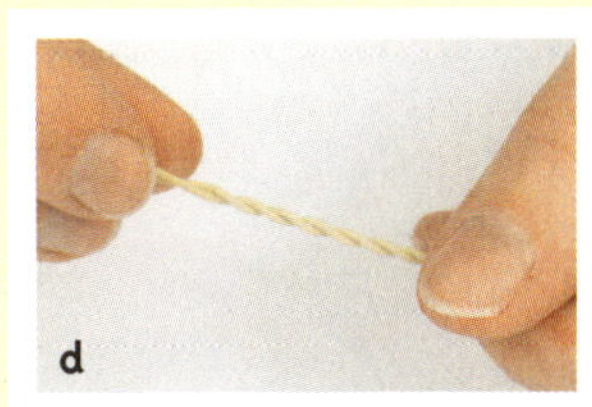
d

e

»

Réalisation de la garniture

6. Vous allez maintenant réaliser les petits fruits qui seront posés au milieu de la tartelette. Pour les framboises et le cassis, formez des boules à partir de tout petits morceaux de pâte polymère rouge et noire (f).

7. Avec le cure-dents, piquez plusieurs fois les petites boules rouges pour créer de petits trous à la surface. Ne piquez la boule noire qu'une seule fois en son milieu (g).

8. Placez le fond de tarte et les petits fruits sur du papier cuisson et enfournez-les pendant 20 minutes dans un four à 110 °C.

9. À l'aide de la lame, découpez dans les canes fruits une vingtaine de tranches fines (h).

10. Une fois la tarte cuite, déposez quelques touches d'aquarelle ocre dessus pour donner un effet réaliste, comme « doré à la cuisson » (i).

11. Étalez un peu de coulis « gelée » sur le fond de la tarte (j). Cette gelée va permettre aux tranches de fruits de tenir.

12. Disposez les tranches sur le fond de tarte à l'aide d'une pince fine, de l'extérieur vers l'intérieur (k).

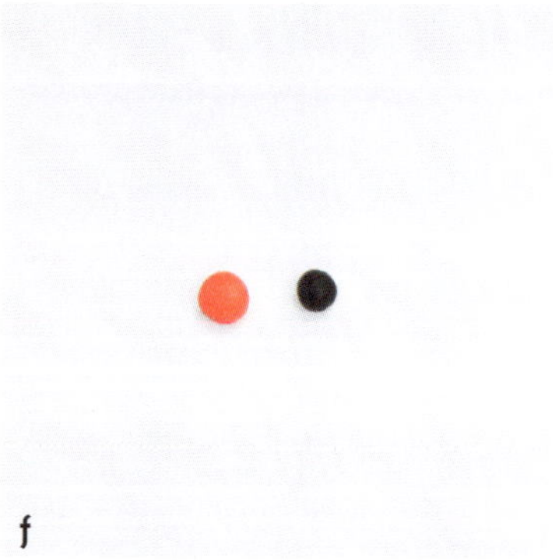
f

g

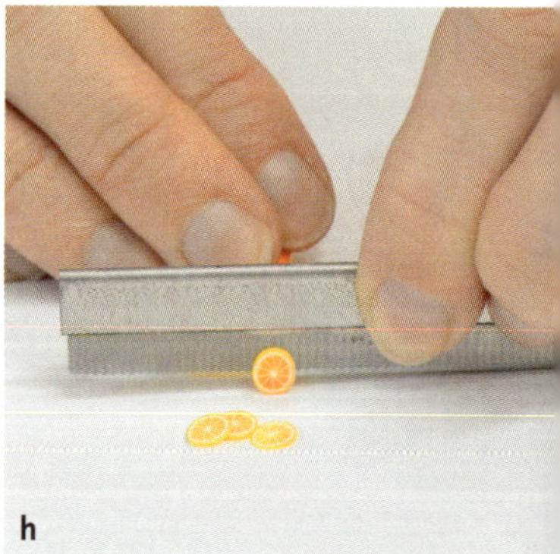
h

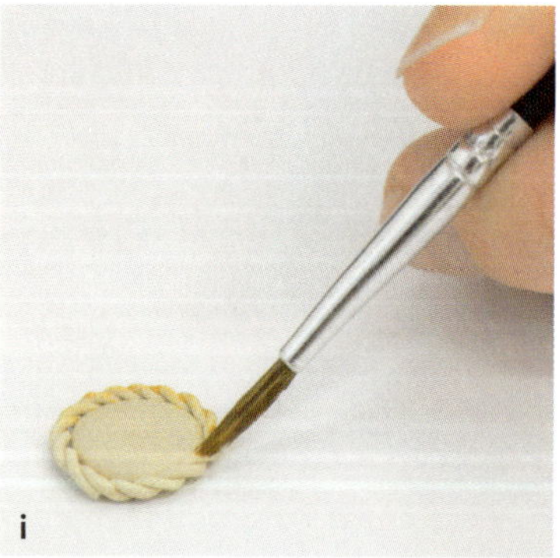
i

j

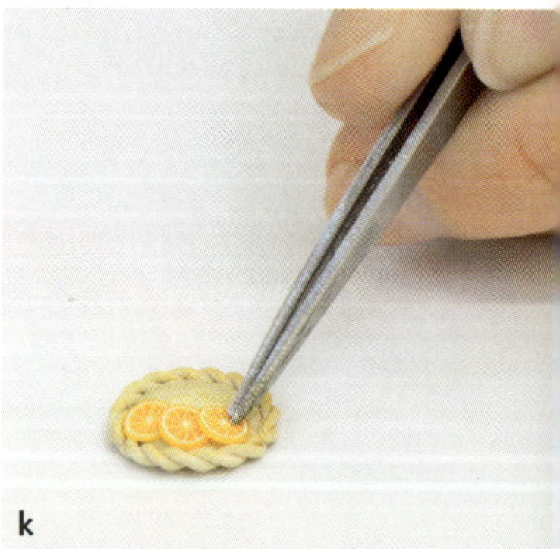
k

l

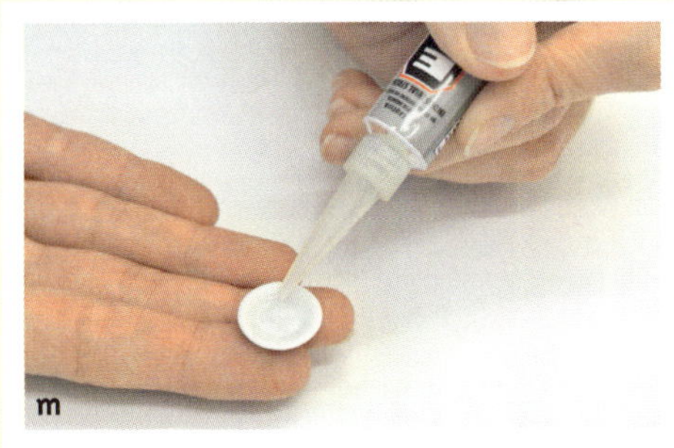
m

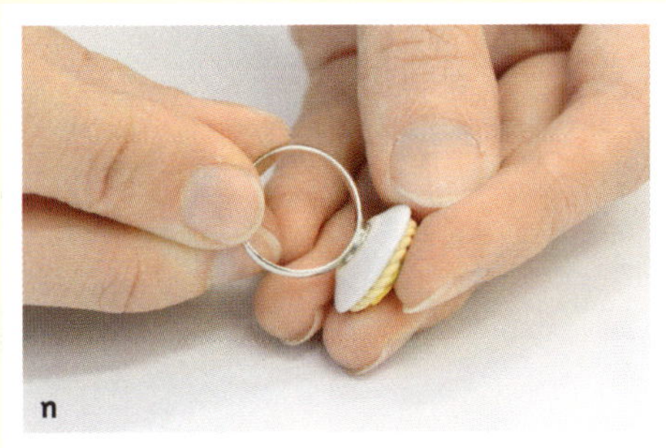
n

13. Déposez un peu de gelée au centre de la tarte puis placez vos petits fruits par-dessus (l). Appliquez une pointe de gelée sur vos fruits et laissez-la s'étaler pour leur donner un effet encore plus réaliste. Laissez sécher environ 20 minutes.

Montage de la bague

14. Déposez de la colle forte pour bijoux au centre de l'assiette puis placez votre tarte dessus (m).

15. Collez l'assiette sur le support de bague (n). Laissez sécher une heure.

Variante

Avec cette technique, vous pouvez réaliser toutes sortes de tartes. Si vous ajoutez quelques pointes de fausse crème chantilly, vous pouvez même faire des tartes aux citrons meringuées plus vraies que nature !

• COLLIER LIMONADE D'ÉTÉ •

Quoi de mieux qu'une limonade faite maison quand le soleil vous tape sur la tête ? Très rafraîchissante, cette jolie miniature vous rappellera avec délectation l'été et les vacances ! De quoi vous donner envie de ressortir les lunettes de soleil…

NIVEAU DE DIFFICULTÉ : ★★

★ Matériel

Cane citron vert et jaune (réf. 010042)
Cane feuille verte et noire (réf. 010865)
Verre en plastique miniature (réf. 223002)
Paille en métal colorée (réf. 245006)
Résine Cristal Gédéo
Anneau argenté clair Ø 4 mm
70 cm de chaîne bille argentée claire Ø 1,5 mm
Fermoir pour chaîne bille argenté clair
Lame pour découper les canes
2 pinces plates
Pince fine ou pince à épiler
Pince coupante
Aiguille épaisse (type aiguille à tricoter)
Seringue sans aiguille (vendue en pharmacie)
Briquet

Réalisation du pendentif

1. Chauffez l'aiguille épaisse à l'aide d'un briquet puis percez le verre en plastique avec, à environ 3 mm de son bord supérieur. Effectuez des mouvements de va-et-vient avec l'aiguille afin que le trou ne se rebouche pas autour (a).

2. Ouvrez l'anneau à l'aide des deux pinces en effectuant un mouvement latéral et non horizontal, comme illustré par la photo (b). Puis passez l'anneau dans le verre par le trou réalisé précédemment et refermez-le.

3. Prélevez un peu de résine Cristal avec une seringue et placez deux ou trois gouttes dans le verre, afin de le remplir à un tiers (c).

4. Coupez trois tranches de cane citron vert et jaune, puis coupez ces tranches en deux.

5. Intégrez deux demi-tranches dans la résine à l'aide de la pince fine (d). Attendez le séchage complet de la résine avant de poursuivre.

Conseil *Faites bien attention à laisser sécher votre verre sur une surface plane, afin que la résine ne coule pas. Vous pouvez enfoncer le verre dans un morceau de pâte polymère crue ou de pâte adhésive afin qu'il soit stable.*

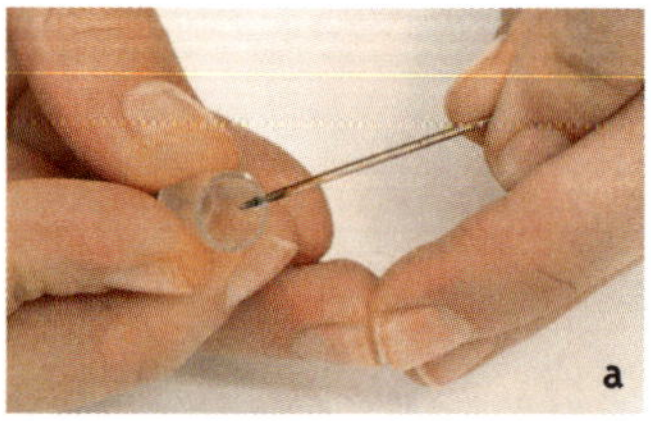
a

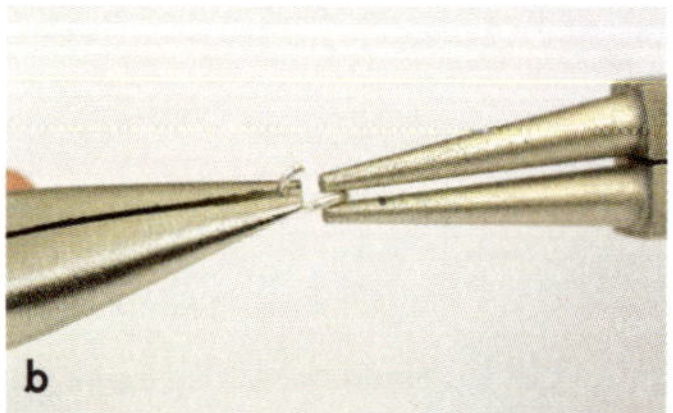
b

c

d

>>

e

f

g

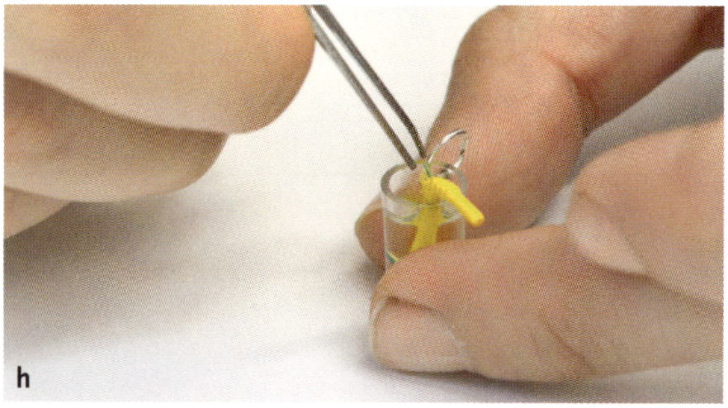
h

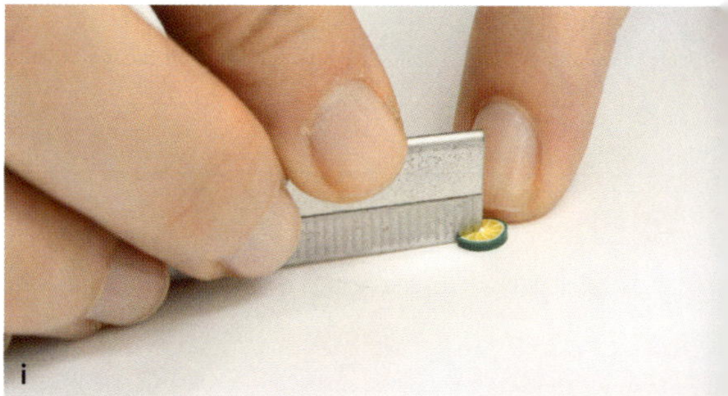
i

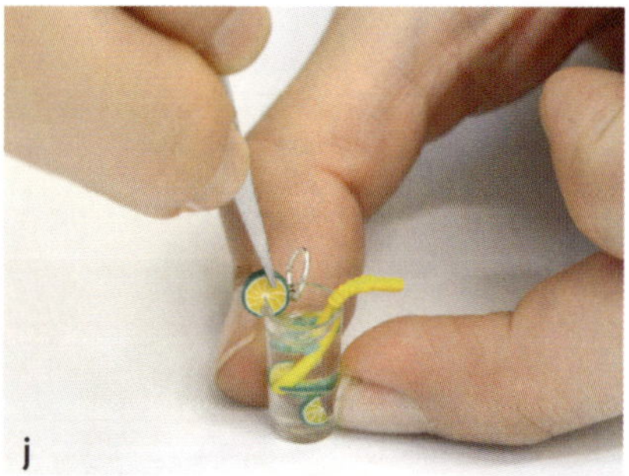
j

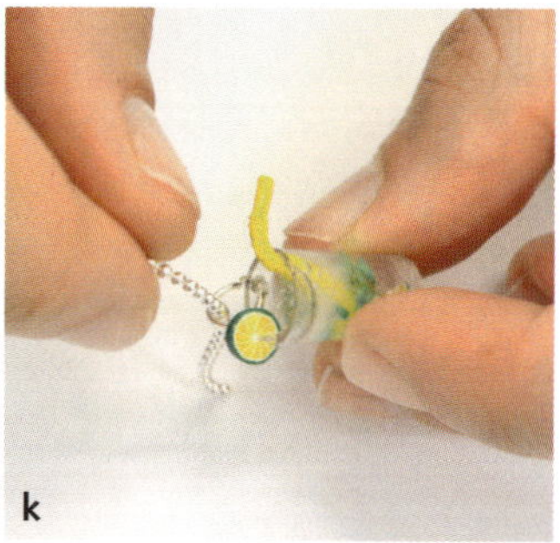
k

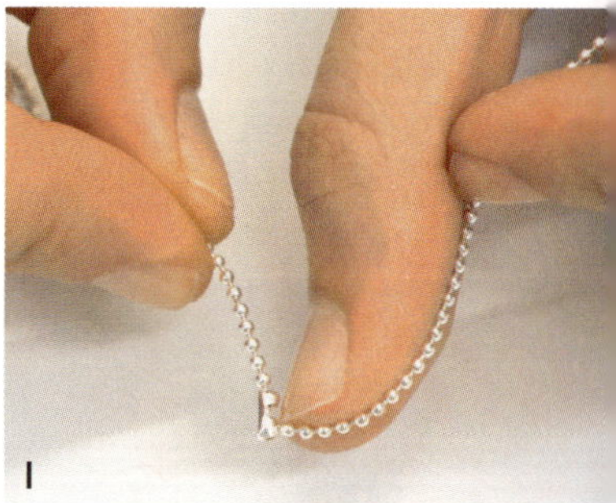
l

>>

6. Placez la paille dans le verre. Pour un joli rendu, placez-la de la même manière que sur la photo (e).

7. Versez quelques gouttes de résine dans le verre afin de le remplir aux deux tiers (f).

8. Coupez une tranche de cane feuille verte et noire, puis hachez-la en petits morceaux (g).

9. À l'aide de la pince fine, placez vos demi-tranches de citron restantes ainsi que vos morceaux de feuille verte dans la résine (h). Laissez sécher complètement.

10. Coupez à nouveau une tranche de cane citron avec votre lame puis faites une incision jusqu'au milieu de la tranche (i).

11. Déposez un point de colle dans l'incision et fixez la tranche sur le bord du verre (j). Laissez sécher une journée.

Montage du collier

12. À l'aide de la pince coupante, découpez 70 cm de chaîne bille.

13. Passez la chaîne dans l'anneau (k).

14. Clipsez les deux extrémités de la chaîne à l'intérieur du fermoir (l).

• BROCHE SUSHIS •

Nous aussi, on « adOOre » les sushis ! Cette assiette miniature va vous donner l'eau à la bouche. Comme la préparation traditionnelle des sushis, makis et sashimis, la pâte polymère, c'est tout un art !

NIVEAU DE DIFFICULTÉ : ★★

★ Matériel

Pâte Fimo soft blanche n° 0
Pâte Fimo soft mandarine n° 42
Pâte Fimo soft rouge indien n° 24
Pâte Fimo vert pomme n° 50
Cane maki california (voir explications p. 45)
Cane maki (réf. 010952)
Assiette carrée miniature (réf. 211008)
Support de broche argenté foncé de 2 cm
Lame Fimo
Lame pour découper les canes
Machine à pâte Fimo (facultatif)
Rouleau pour pâte Fimo
Pince coupante
Pince fine ou pince à épiler
Aquarelle marron
Pinceau fin pour aquarelle
Colle forte pour bijoux (avec embout de préférence)
Cure-dents
Vernis brillant pour pâte Fimo

★ Cuisson

20 minutes dans un four à 110 °C

Variante

La cane maki california utilisée dans ce modèle a été réalisée à la main, en suivant les explications de la p. 45.

Si vous ne voulez pas fabriquer la cane vous-même, vous n'avez qu'à remplacer les tranches de maki california par des tranches de maki classique.

Réalisation des aliments

1. À l'aide de la lame, découpez des tranches très épaisses, d'environ 4 mm, dans la cane maki (a).

2. Faites de même avec la cane maki california (b).

3. Prélevez une boule de pâte Fimo blanche de la taille d'un petit pois, et divisez-la en trois boules de taille égale. Réalisez trois colombins épais et courts à partir de ces boules.

4. Déposez les trois colombins sur votre surface de travail et modelez-les avec le cure-dents pour leur donner la texture du riz. Aplatissez-les aux extrémités (c).

5. Réalisez la cane saumon. Pour cela, suivez les étapes 1 à 6 de la p. 45.

6. À l'aide de la lame, coupez trois fines tranches de cane saumon non cuite (d).

7. Découpez dans vos tranches des rectangles d'environ 3 x 5 mm (e).

Conseil *Pour obtenir un effet plus réaliste, faites en sorte que les zébrures des rectangles de saumon soient en diagonales.*

>>

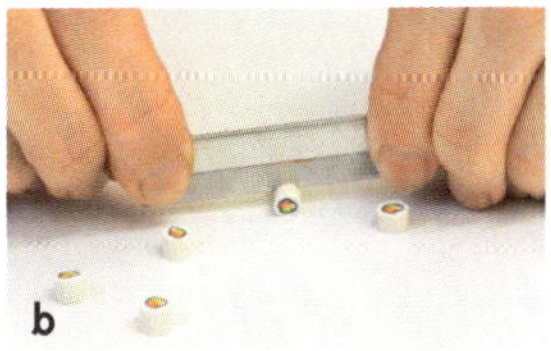

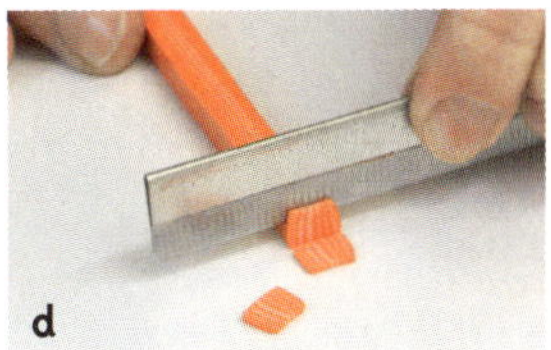

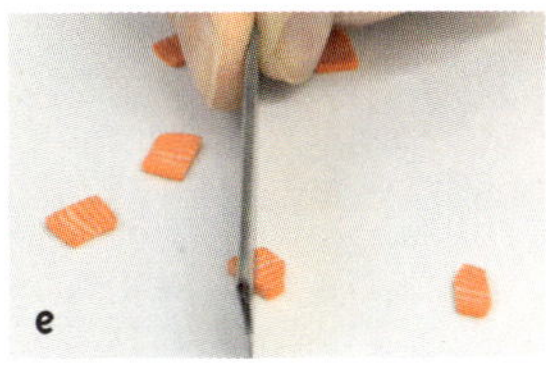

f

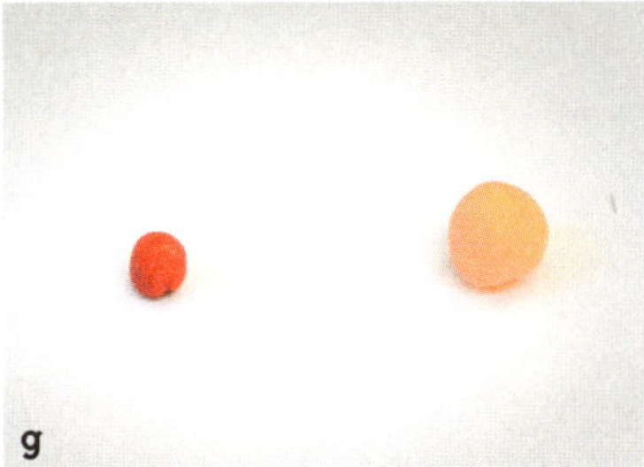
g

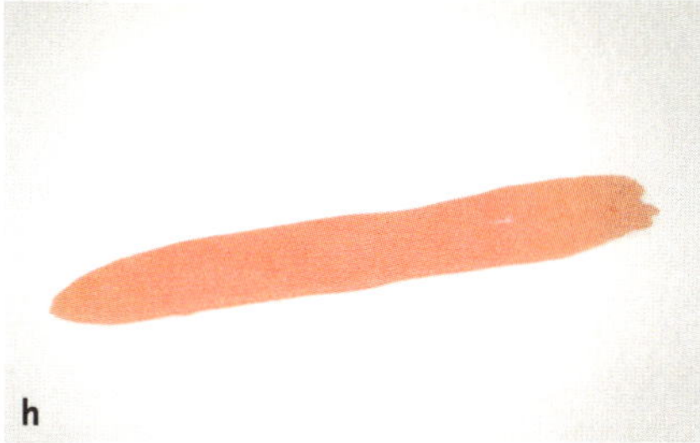
h

»

8. Posez délicatement ces tranches sur les colombins blancs (f). Les sushis au saumon sont prêts !

9. Vous allez à présent réaliser le gingembre. Pour cela, prélevez une boule de pâte Fimo orange de la taille d'un petit pois et une autre boule de pâte Fimo rouge de la taille d'un grain de riz (g). Mélangez-les ensemble.

10. À l'aide du rouleau, réalisez une plaque très fine, longue et étroite, d'environ 1 mm d'épaisseur (h).

11. Prenez délicatement la plaque entre vos doigts et enroulez-la sur elle-même afin d'obtenir une sorte de fleur (i, j).

12. Pour réaliser le wasabi, mélangez deux toutes petites boules de pâte Fimo verte et blanche (k).

13. Piquetez la boule avec le cure-dents pour ajouter de la texture à la pâte (l).

14. Placez vos makis, le gingembre et le wasabi sur du papier cuisson (m). Enfournez le tout pendant 20 minutes dans un four à 110 °C.

»

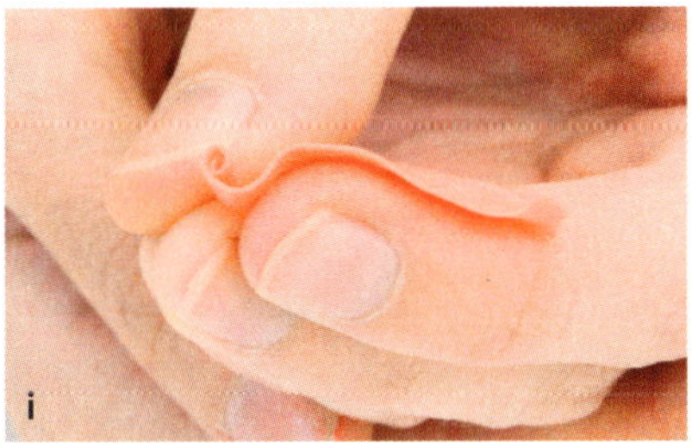
i

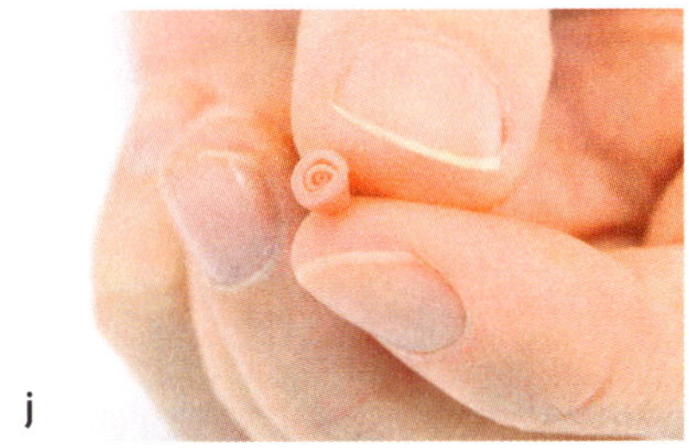
j

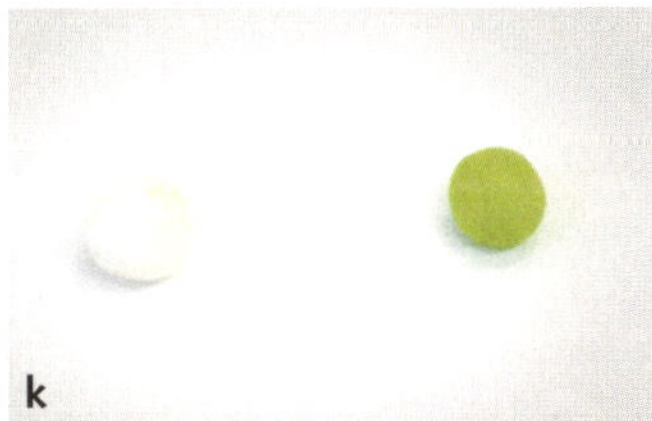
k

l

m

»

Réalisation des baguettes

15. Pendant ce temps, prenez un cure-dents et peignez-le à l'aquarelle (n). Laissez sécher 5 minutes.

16. À l'aide de la pince coupante, coupez les extrémités du cure-dents pour qu'elles soient moins pointues (o).

17. Coupez le cure-dents en deux (p). Vos baguettes sont terminées !

Assemblage de la broche

18. Tous les éléments sont prêts, il ne vous reste plus qu'à les assembler ! Placez-les dans l'assiette pour décider de leur disposition, puis retirez-les et déposez un point de colle pour chacun à l'emplacement voulu.

19. À l'aide de la pince fine, déposez délicatement les mets sur les points de colle. Faites de même pour les baguettes (q). À vous de voir si vous désirez suivre la même disposition que sur la photo, ou changer les éléments de place !

20. Encollez le support de broche et fixez-le au dos de l'assiette (r).

21. Vernissez les éléments qui ont d'ordinaire un aspect brillant : les makis et le saumon (s). Laissez sécher l'ensemble 12 heures. Votre plateau est prêt à être porté !

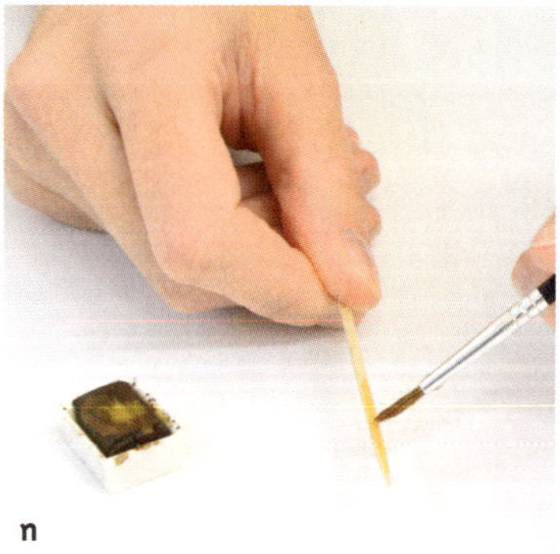

n

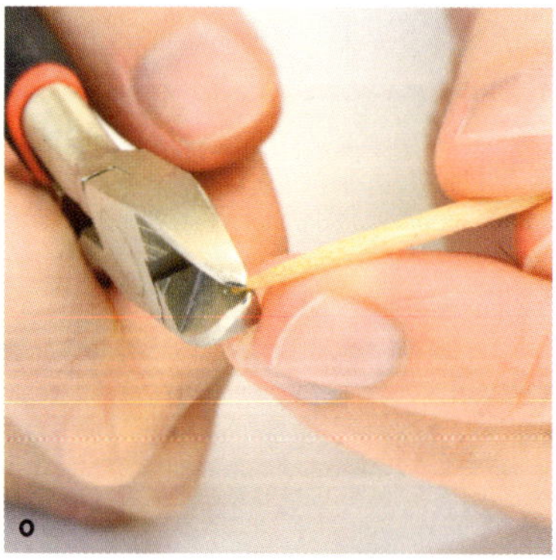

o

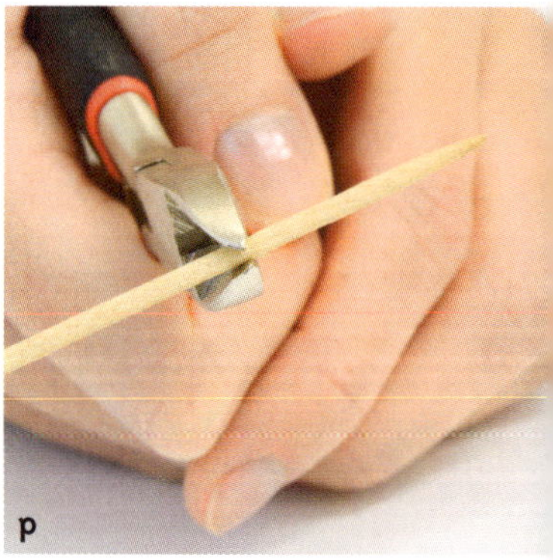

p

q

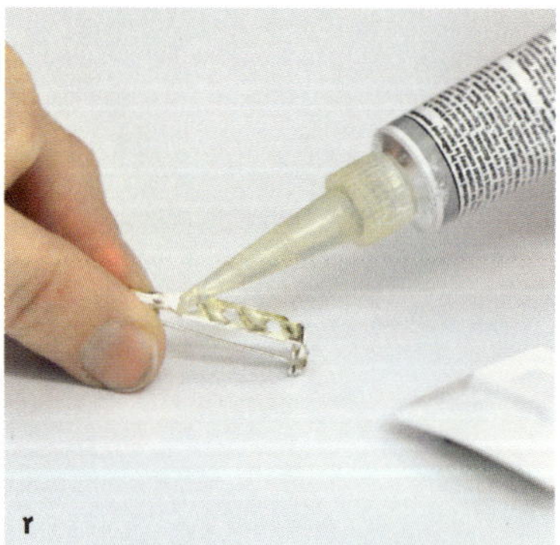

r

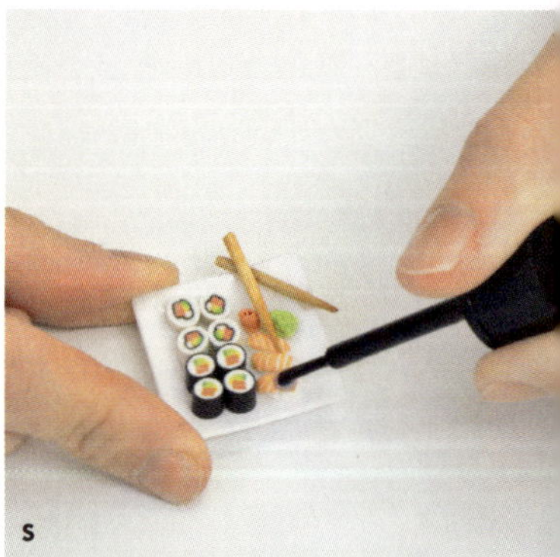

s

• RECETTES FRUITÉES •

Une pochette acidulée et ses fiches recettes assorties ! Un DIY très utile à s'approprier et à partager, pour que votre cuisine vous ressemble et continue d'épater vos amis.

NIVEAU DE DIFFICULTÉ : ★

★ Matériel

- Cane pomme (réf. 010007)
- Cane pamplemousse (réf. 010045)
- Cane orange (réf. 010026)
- Pochette en papier à rayures (réf. 655003)
- Masking tape uni rose
- Masking tape uni vert
- Masking tape uni jaune
- Fiches bristol A6 (105 x 148 mm)
- Imprimante et photos de recettes fruitées
- Fil rose
- Lame pour découper les canes
- Pince fine ou pince à épiler
- Ciseaux
- Règle
- Colle blanche liquide (avec embout de préférence)
- Crayon à papier
- Stylo

Réalisation de la pochette

1. Sélectionnez les canes que vous souhaitez utiliser pour la pochette. Celle-ci fera office de couverture. Pour le modèle présenté ici, nous avons utilisé 20 tranches de pommes, 20 tranches de pamplemousse et environ 60 tranches d'orange. Coupez-les finement à l'aide de la lame (a).

2. Sur la face avant de la pochette, marquez l'emplacement de vos fanions en dessinant une frise de triangles équilatéraux au crayon à papier. Ils doivent se situer environ à 2 cm du haut de votre pochette (b). Le haut des fanions doit mesurer environ 2 cm, soit quatre tranches de canes posées côte à côte.

3. Coupez un morceau de fil rose afin de réaliser la guirlande. Laissez dépasser le fil de plusieurs centimètres de part et d'autre de la pochette pour avoir une marge (c).

4. Fixez une extrémité du fil au bord de la pochette avec un point de colle blanche. Afin de donner un effet de poids à vos fanions, le point de départ de la guirlande doit se trouver un peu plus haut que ces derniers (d).

>>

Variante

Il existe beaucoup d'autres variétés de canes fruitées, choisissez les vôtres en fonction de vos recettes fruitées préférées !

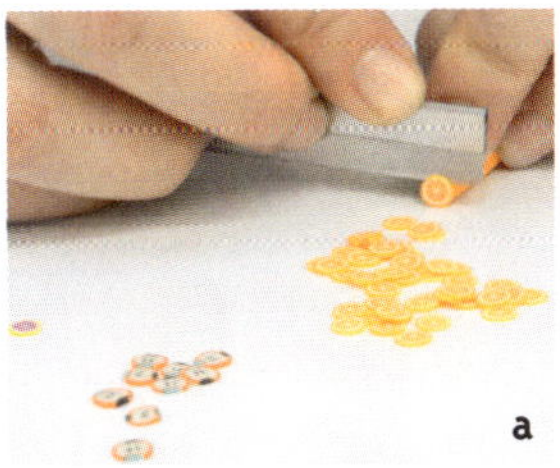
a

b

c

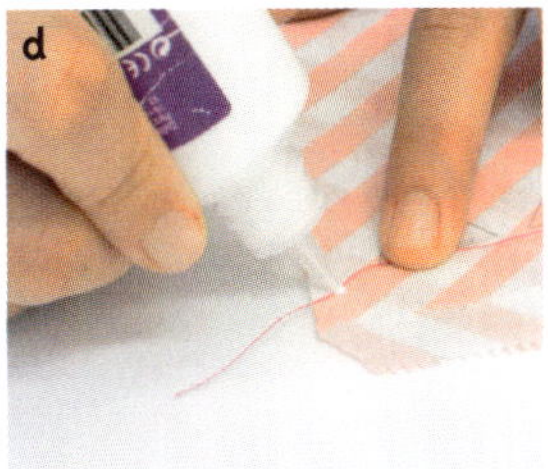
d

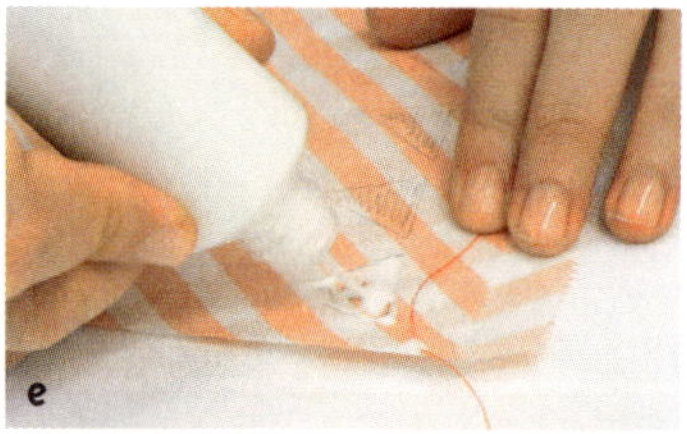
e

f

g

h

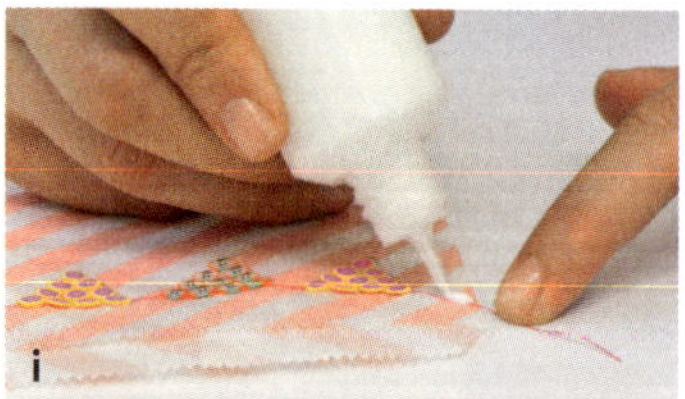
i

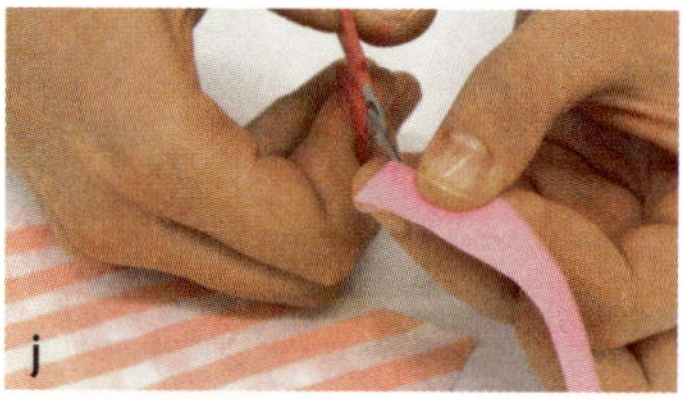
j

k

>>

5. Encollez la surface du premier fanion afin d'y fixer les tranches de cane (e).

6. Placez délicatement votre fil sur le haut du fanion, sans le tendre. Aidez-vous pour cela de la pince fine (f).

7. Toujours à l'aide de la pince fine, positionnez vos tranches en triangle en suivant le dessin au crayon. Procédez de la manière suivante : placez quatre tranches sur la ligne du haut, trois tranches sur celle d'en dessous, puis deux tranches et enfin une seule sur la dernière ligne. Pensez à bien appuyer sur chaque tranche afin qu'elles adhèrent correctement (g).

8. Répétez les étapes 5, 6 et 7 pour les trois fanions suivants (h).

9. Terminez la guirlande de fanions en fixant d'un point de colle blanche la deuxième extrémité du fil, à la même hauteur que le premier (i).

10. Coupez ensuite un morceau de masking tape rose de 12 cm. Taillez un triangle à chaque extrémité, en faisant deux entailles en biais de 1 cm vers le milieu de la largeur de la bande (j).

11. Collez la bande de masking tape à 3 cm du bas de votre pochette (k).

12. Dessinez au crayon à papier, à main levée, le lettrage du mot MIAM juste au-dessus du masking tape. Faites déborder le bas des lettres sur environ la moitié de la hauteur de la bande (l).

>>

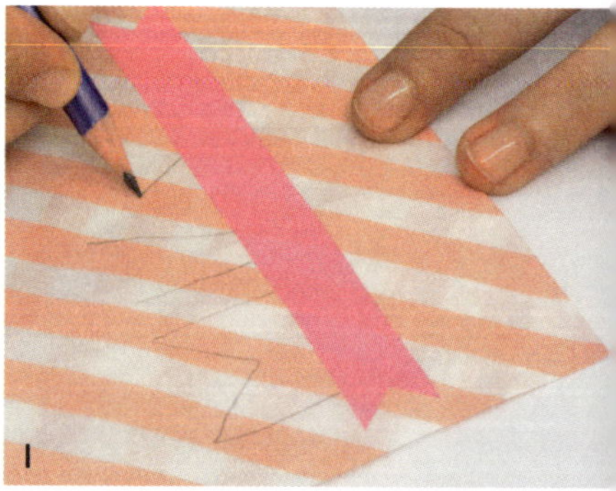
l

MIAM
Confitu
Cup
3 oeufs
1 citron
tiramisu
aux fraises
4 oeufs
50 g sucre
250g mascarpone
20 biscuits
4 CS rhum
500g fraises

»

13. Encollez ensuite le tracé des lettres, une à une, et fixez-y soigneusement les tranches de cane, toujours à l'aide de la pince fine. Appuyez bien sur chaque tranche (m).

14. Laissez sécher l'ensemble 30 minutes, puis coupez les deux extrémités du fil rose au ras des bords de la pochette (n).

Confection des fiches

15. Imprimez les photos de vos recettes fruitées préférées sur des fiches bristol de 105 x 148 mm. Les photos doivent occuper environ la moitié haute de la fiche.

16. Coupez un morceau de masking tape de couleur assortie, de 9,5 cm de longueur (o).

17. Répétez l'étape 10 pour tailler les extrémités de votre masking tape en fanion (p).

18. Collez la bande sous la photo, et écrivez le titre de votre recette au stylo en vous appliquant (q).

19. Comptez le nombre d'ingrédients de votre première recette. Collez une tranche de cane du fruit principal de votre recette pour introduire le nom de chacun (r).

20. Notez ensuite au stylo le nom des ingrédients de la recette : un devant chaque tranche (s).

m

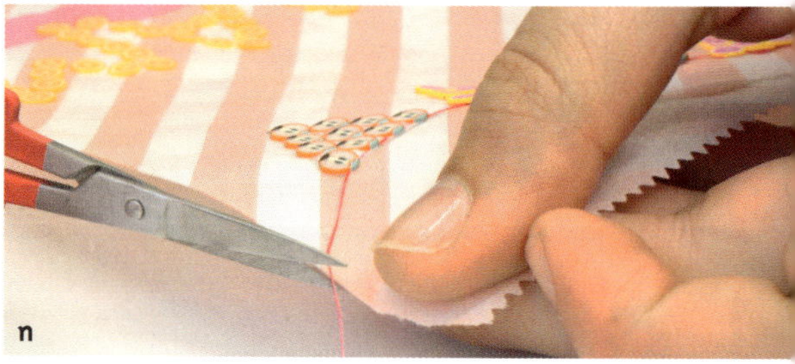

n

o

p

q

r

s

t

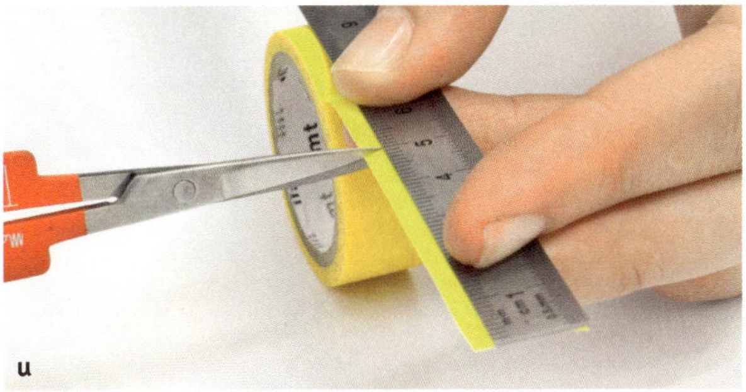
u

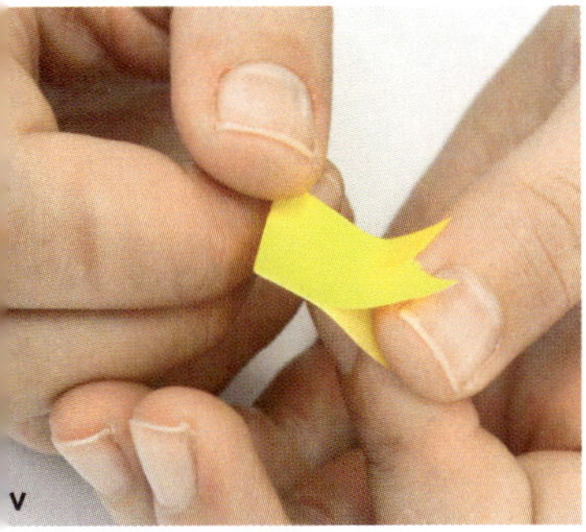
v

w

x

21. Créez ensuite un petit onglet en haut de votre fiche. Notez son emplacement au crayon à papler sur la fiche (t).

22. Coupez ensuite un bout de masking tape de la même couleur que celui utilisé pour le titre, de 5 cm de long et 1 cm de large. Taillez ses extrémités en fanion comme expliqué à l'étape 10 (u).

23. Pliez le masking tape en deux dans sa longueur en faisant bien attention de ne pas coller ses extrémités (v).

24. Placez ensuite la bande sur le haut de votre fiche, à l'endroit indiqué au crayon. Fixez les extrémités de la bande de part et d'autre de la fiche en laissant dépasser le haut (w).

25. Pour terminer, collez deux tranches de fruits sur l'onglet (x).

26. Réalisez les autres fiches de la même manière, en variant l'emplacement des onglets.

• UN PHOTOPHORE QUI A DU PEPS •

Avec une ribambelle de fruits en tranches, vous égayerez de manière originale n'importe quel photophore un peu trop triste. La patience est de mise, mais à l'arrivée le résultat sera à la hauteur de vos espérances, et une fois allumé votre photophore transformera toute une pièce à lui seul...

NIVEAU DE DIFFICULTÉ : ★

★ Matériel

- Cane demi-pastèque flashy (réf. 010024)
- Cane pomme flashy (réf. 010005)
- Cane kiwi (réf. 010061)
- Cane concombre (réf. 010044)
- Photophore cubique
- Bougie chauffe-plat colorée
- Lame pour découper les canes
- Pince fine ou pince à épiler
- Colle blanche liquide (avec embout de préférence)

Découpe des canes

1. Coupez les canes en tranches fines (a).

Application sur le photophore

2. Prenez une tranche de cane avec la pince fine. Déposez un petit point de colle blanche sur l'envers de la tranche (b).

3. Disposez la tranche de cane sur un côté du photophore, en partant du haut (c). Construisez votre motif ligne par ligne, en suivant le modèle des schémas ci-contre.

>>

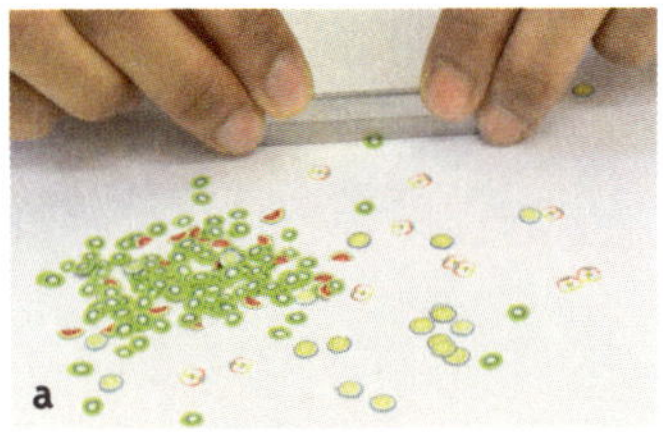
a

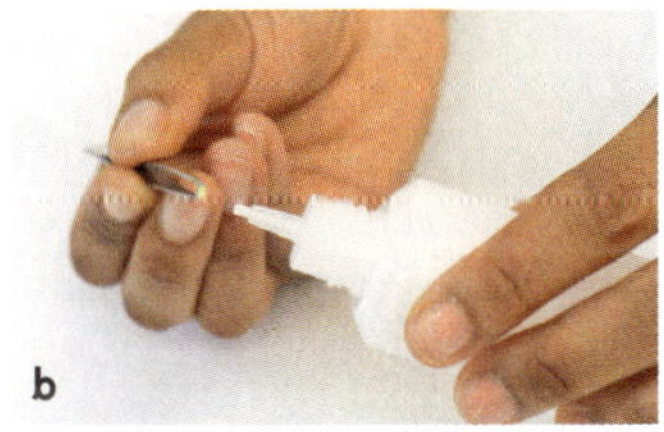
b

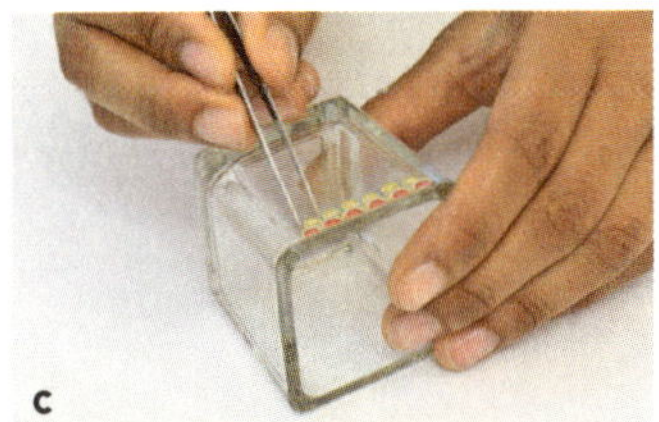
c

Exemples de disposition

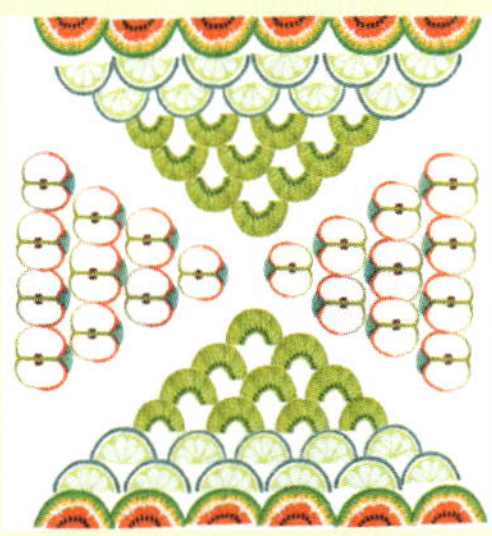

>>

Conseil *Les tranches de canes pouvant varier légèrement de diamètre, n'hésitez pas à écarter celles qui vous semblent d'une taille trop différente avant de réaliser votre modèle. Ainsi, il n'y aura pas de décalage dans votre motif et vous obtiendrez un résultat régulier.*

4. Exercez une légère pression sur les tranches à l'aide de la pince afin de bien les fixer sur le support (d). Une fois tous les côtés du photophore recouverts, laissez sécher deux heures environ.

5. Placez une bougie chauffe-plat colorée dans votre photophore. Et voilà ! Il ne vous reste plus qu'à apprécier votre nouvelle ambiance tamisée.

d

• PAQUET CADEAU PERSONNALISÉ •

Pour que votre cadeau soit vraiment unique, n'hésitez pas à l'emballer vous-même. Rapide à réaliser, c'est un gage de grande amitié, ou une vraie déclaration d'amour... Attention, on y prend vite goût !

NIVEAU DE DIFFICULTÉ : ★★

★ Matériel

Cane cœur rose dégradé blanc (réf. 010532)
Cane étoile bleu, vert et blanc (réf. 010564)
Cane flocon de neige bleu (réf. 010767)
Masking tape uni rose
Lot de 3 masking tapes slim bleu, vert et rose
Ruban satin uni bleu clair
Rouleau de papier kraft
Papier de couleur
Lame pour découper les canes
Pince fine ou pince à épiler
Perforatrice
Colle blanche liquide (avec embout de préférence)
Ciseaux
Règle
Stylo noir
Crayon à papier

Emballage de la boîte

1. Emballez votre cadeau avec du papier kraft brun. Mettez de côté un morceau de papier kraft pour fabriquer l'enveloppe assortie au paquet (pour une carte standard de 15 x 10 cm, il vous faudra un morceau de 18 x 26 cm) (a).

2. Décorez le paquet cadeau en fixant tout autour deux bandes de masking tape de largeur différente. Ces bandes doivent être parallèles à la jonction du papier sur le dessus du paquet (b).

Confection de l'étiquette

3. Réalisez une étiquette. Pour cela, dessinez un rectangle de 7x4 cm dans un morceau de papier coloré assorti à votre paquet. Marquez le milieu d'un des petits côtés du rectangle. En partant de ce point, tracez deux traits à 45° qui rejoignent les grands côtés (c). Découpez l'étiquette.

4. Faites un trou avec une perforatrice au milieu de la pointe de l'étiquette (d).

5. Décorez l'étiquette avec une bande de masking tape slim vert sur le côté opposé à la pointe (e).

>>

a

b

c

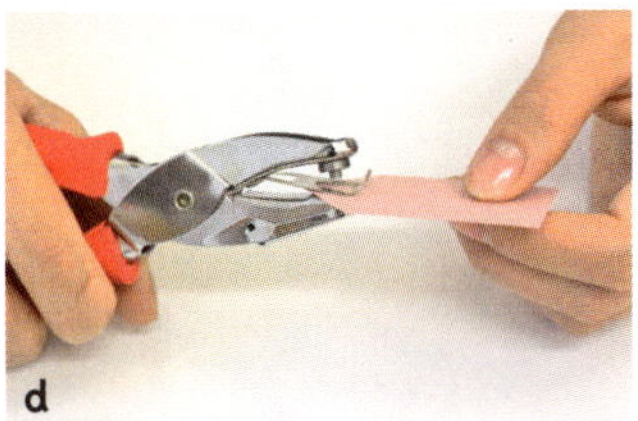

d

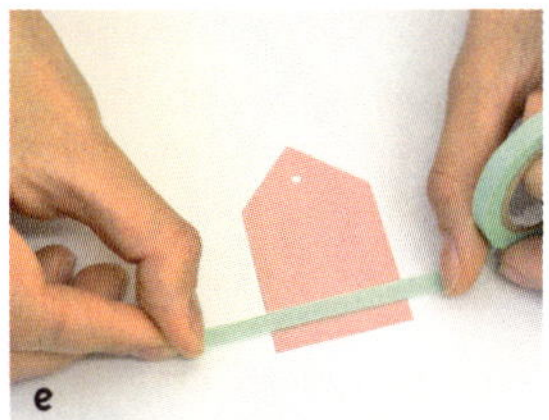

e

Marie
Marie

»

6. À l'aide de la lame, découpez une douzaine de fines tranches de cane flocon de neige bleu. Au crayon à papier, dessinez un cœur sur l'étiquette, en appuyant très légèrement. Collez les tranches de cane sur ce tracé (f).

7. Découpez deux tranches de cane cœur rose dégradé blanc et collez-les à chaque extrémité de la bande de masking tape. Au centre, écrivez avec le stylo noir le nom de la personne à qui vous destinez le paquet (g).

8. Glissez un morceau de ficelle de 8 cm dans le trou préalablement réalisé et faites un double nœud (h).

Réalisation du nœud

9. Enroulez un ruban satin autour du paquet, perpendiculairement au masking tape. Nouez-le au-dessus du paquet, puis faites un second nœud en coinçant dedans la ficelle de l'étiquette. Conservez environ 17 cm de ruban de chaque côté du nœud (i).

10. Prenez 1 m du même ruban, et repliez-le sur lui-même tous les 6 à 7 cm en augmentant légèrement la taille des segments à chaque fois (j).

11. Une fois votre ruban entièrement replié, posez-le sur le nœud du paquet, parallèlement au masking tape, en le centrant bien (k).

»

f

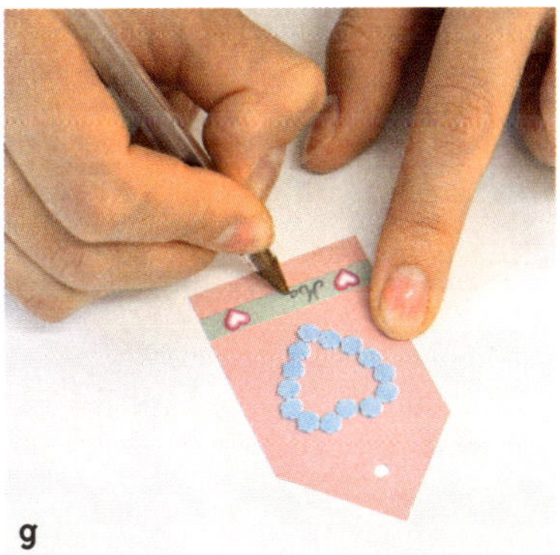

g

h

i

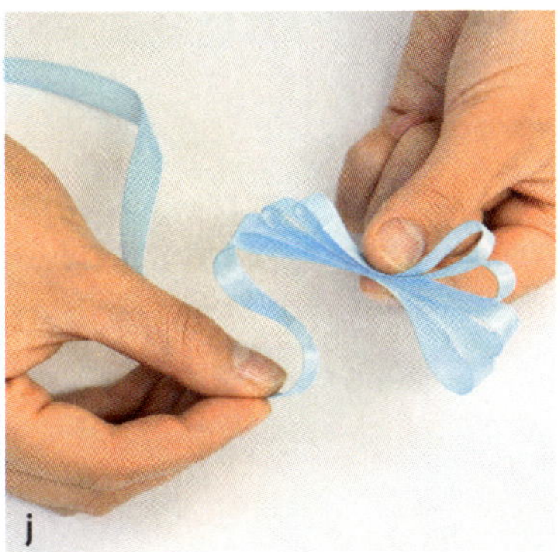

j

k

l

m

n

o

p

q

r

>>

12. Faites un double nœud avec les morceaux de ruban de 17 cm pour le maintenir en place (l).

13. Réalisez un nœud classique à boucles avec les deux morceaux de ruban restant. Pliez-les en deux pour couper leur extrémité en pointe (m). Espacez chaque boucle et donnez-leur du volume pour terminer le nœud.

14. Pour finir, collez des tranches de cane sur le masking tape le plus étroit, à intervalles réguliers (n). Votre paquet est prêt !

Confection de l'enveloppe

15. Pour confectionner l'enveloppe, prenez la feuille de papier kraft mise de côté à l'étape 1 et placez la carte au milieu. Pliez les quatre côtés de la feuille au format de la carte, comme sur la photo (o).

16. Retirez la carte et collez les rabats intérieurs de la feuille pour maintenir le pliage en place et former l'enveloppe (p).

17. Décorez l'enveloppe avec des bandes de masking tape coloré de différentes largeurs. Placez les bandes sur les côtés, à 45° par rapport aux bords de l'enveloppe. Coupez-les à ras (q).

18. Découpez des tranches de cane étoile et collez-les avec un point de colle liquide sur le masking tape slim vert à intervalles réguliers (r). Découpez des tranches de cane cœur et collez-les sur le masking tape slim rose. Il ne vous reste plus qu'à écrire au centre de l'enveloppe le nom de la personne à qui vous destinez la carte, et l'enveloppe est prête !

• COQUE DE PORTABLE FLEURIE •

Protégez votre téléphone portable avec une jolie coque customisée par vos soins.
Son look fleuri rappelle les motifs des célèbres tissus Liberty. Idéale pour sortir en forêt !

NIVEAU DE DIFFICULTÉ : ★★

★ Matériel

- Cane grosse feuille verte (réf. 010702)
- Cane feuille verte (réf. 010714)
- Cane feuille vert clair (réf. 010699)
- Cane fleur rouge (réf. 010326)
- Lame pour découper les canes
- Pince fine ou pince à épiler
- Colle forte pour bijoux (avec embout de préférence)
- 1 coque de téléphone de la couleur de votre choix
- 1 plug
- 1 cabochon fleuri Ø 6 mm

Réalisation de la coque fleurie

1. Coupez un maximum de tranches dans vos différentes canes, en essayant de les faire les plus fines possible (a).

2. Déposez un point de colle forte sur l'extrémité supérieure de votre coque de téléphone (b).

3. À l'aide de la pince fine, déposez délicatement une tranche de cane feuille sur le point de colle (c), en suivant comme modèle le motif fleuri ci-dessous ou tout autre motif de votre choix.

4. Répétez l'opération jusqu'à recouvrir l'ensemble de votre coque de téléphone (d).

5. Une fois votre motif terminé, laissez sécher une demi-journée.

>>

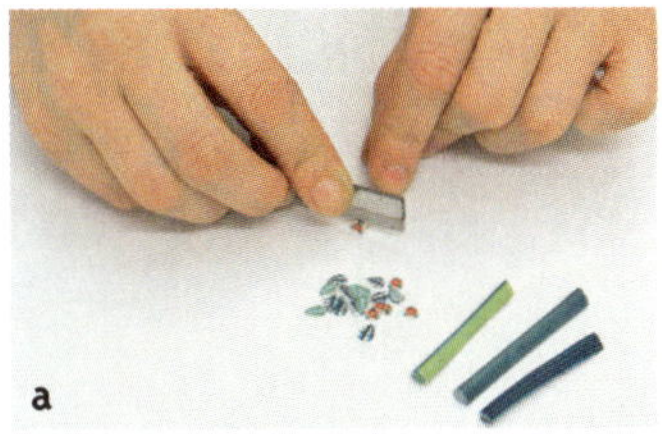

a

b

c

d

Exemple de disposition

>>
Si vous voulez pousser le chic jusqu'au bout, vous pouvez également réaliser un plug assorti à la coque (ce petit embout en plastique permet de protéger la prise audio de votre téléphone de toutes les impuretés qui voudraient s'y loger).

Réalisation d'un plug

6. Déposez un point de colle forte sur la surface plane du plug (e).

7. À l'aide de la pince fine, fixez le petit cabochon sur le point de colle (f).

8. Toujours à l'aide de la pince fine, installez le plug délicatement entre les dents d'une fourchette, pour qu'il sèche à la verticale (g). Laissez-le sécher ainsi une demi-journée.

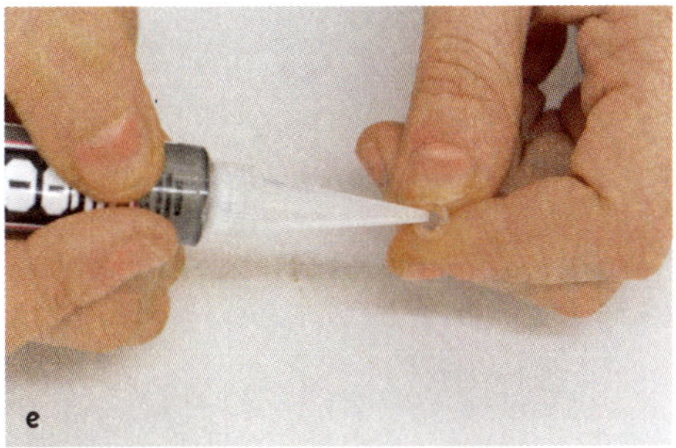
e

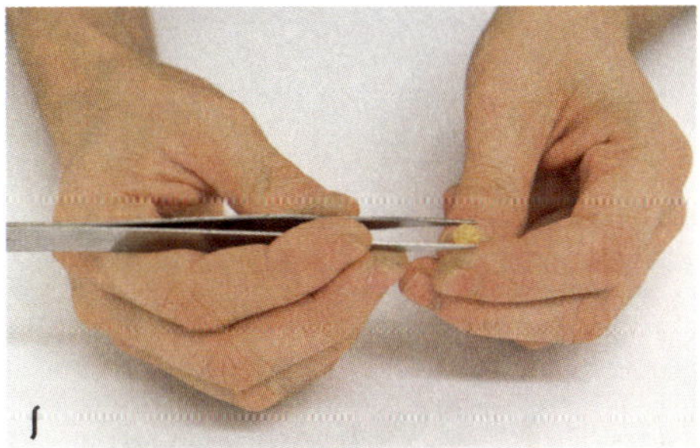
f

g

• NAIL ART •

Envie d'une manucure des grands jours ? Que vous soyez adepte ou non du vernis à ongle, c'est une expérience à tenter ! Pour une occasion particulière ou même pour vous amuser lors d'un dimanche pluvieux... Voici les conseils de bases pour vous lancer, seule ou avec l'aide d'une amie.

NIVEAU DE DIFFICULTÉ : ★★

★ Matériel

- 10 tranches de canes nœuds pastel (réf. 029003)
- Vernis à ongles vert menthe pastel
- Vernis à ongles jaune pastel
- Vernis à ongles incolore
- Masking tape (pour délimiter la zone de chaque vernis)
- Pince fine ou pince à épiler

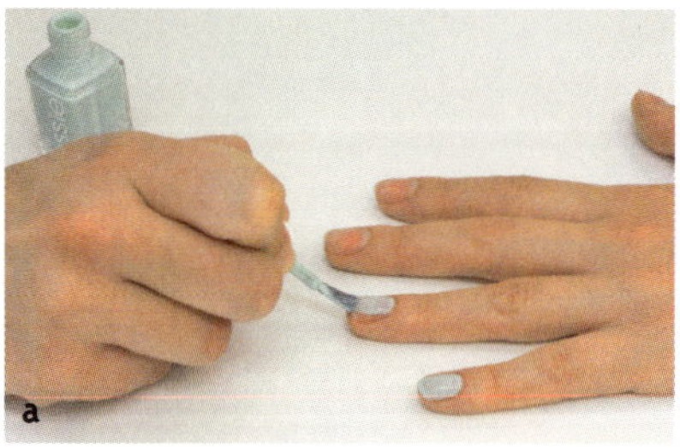
a

Pose du vernis

1. Après vous être limé les ongles et avoir éventuellement posé une base protectrice, appliquez une couche homogène de vernis vert pastel sur toute la surface des ongles ; elle servira de base (a). Attendez environ une demi-heure que cette couche soit parfaitement sèche.

Conseil *Si le résultat n'est pas assez opaque, n'hésitez pas à passer une seconde couche. Attendez qu'elle soit bien sèche avant de continuer.*

2. Collez minutieusement le masking tape sur la moitié inférieure de l'ongle, à environ 0,5 cm du haut pour obtenir une délimitation bien nette entre les deux vernis. Aidez-vous de la pince fine si nécessaire. Laissez dépasser le masking tape de part et d'autre des ongles (b).

3. Passez une première couche de vernis jaune pastel sur la partie supérieure de l'ongle (c).

4. Laissez sécher 2 minutes, puis appliquez une seconde couche de vernis.

>>

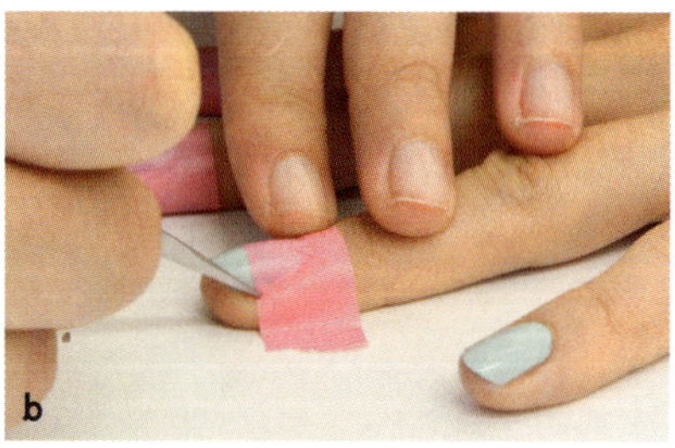
b

c

»

5. Tout de suite après, retirez délicatement une première bande de masking tape en allant de droite à gauche, ou inversement (d).

Application des tranches

6. À l'aide de la pince fine, appliquez une tranche de cane sur le vernis encore frais. Appuyez sur les bords de la tranche afin que toute sa surface soit en contact avec le vernis. Maintenez cette pression avec la pince pendant quelques secondes (e). Faites de même avec tous vos ongles.

7. Une fois tous vos ongles recouverts, appliquez une couche généreuse de vernis incolore sur l'ensemble (f). Laissez sécher 10 minutes. Vous êtes prête pour sortir !

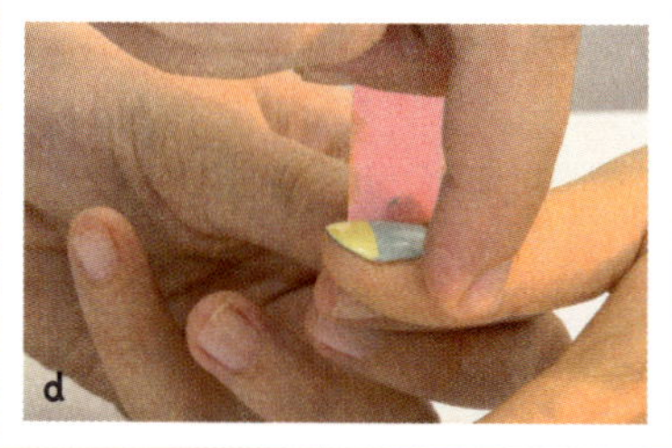
d

e

f

Variante

Les possibilités de customisation sont infinies. À vous de personnaliser votre nail art pour avoir du style... jusqu'au bout des ongles !

• CANE MAKI CALIFORNIA •

Vous êtes un vrai maître sushi ? Votre mission, si vous l'acceptez, est de réaliser un maki california en pâte polymère de 5 cm de long et 5 mm de diamètre. Pas de panique, nous serons là pour vous aider à chaque étape de la préparation. Une fois cette cane prête, vous pourrez ensuite réaliser une broche miniature digne des plus grands sushimen ! (Voir la broche sushis, p. 23.)

NIVEAU DE DIFFICULTÉ : ★★★

VIDÉO *Réalisation de la cane maki california illustrée en vidéo, et notamment la technique de réduction des canes.*

★ Matériel

- Pâte Fimo soft mandarine n° 42
- Pâte Fimo soft rouge indien n° 24
- Pâte Fimo soft vert pomme n° 50
- Pâte Fimo soft citron n° 10
- Pâte Fimo soft noir n° 9
- Pâte Fimo soft gris dauphin n° 80
- Pâte Fimo soft blanc n° 0
- Machine à pâte Fimo
- Rouleau pour pâte Fimo
- Seringue à vis Claygun
- Lame pour pate Fimo
- Petite lame pour découper des canes
- Règle

★ Cuisson

10 minutes dans un four à 110 °C

Préparation de la cane saumon

1. Prélevez une boule de pâte polymère orange de la taille d'une noisette, une boule de pâte blanche et une autre de pâte rouge toutes les deux de la taille d'un petit pois (a). Mélangez-les. Vous obtenez ainsi une pâte couleur saumon (b).

2. Avec la machine à pâte en position 2, ou à défaut avec le rouleau, réalisez une plaque de pâte saumon de 2 à 3 mm d'épaisseur (c). Elle doit mesurer environ 5 x 10 cm.

3. Prélevez une boule de pâte blanche de la taille d'une noix, et transformez-la en une plaque très fine à l'aide du rouleau (d). Ses dimensions devront être à peu près identiques à celles de la plaque saumon, soit 5 x 10 cm.

Conseil *Plus votre plaque sera fine et irrégulière, plus vous imiterez parfaitement la partie grasse du saumon. Nous vous conseillons d'utiliser plutôt le rouleau que la machine à pâte, celle-ci créant des plaques parfaitement uniformes.*

4. À l'aide de la lame Fimo et de la règle, découpez des rectangles de 5 x 1 cm dans vos plaques (e). Vous devez réaliser sept rectangles saumon et six rectangles blancs.

>>

a

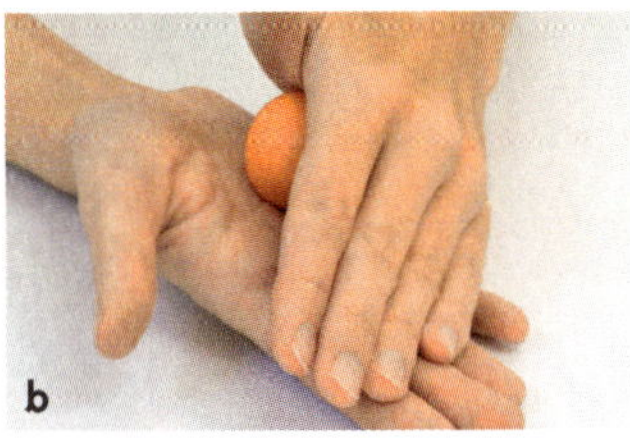
b

c

d

e

ALL
YOU
S
OV

5. Superposez les rectangles en commençant par un saumon et en alternant les couleurs à chaque fois (f).

6. Une fois la cane saumon composée, il ne vous reste plus qu'à la réduire. Pour cela, utilisez le rouleau en appuyant légèrement sur chaque face. Retournez régulièrement la cane (g).

7. Petit à petit la cane s'allonge et son volume réduit (h). Lorsqu'elle atteint la taille de 10 x 5 mm, coupez-en un bout de 4 cm.

Préparation de la cane avocat

8. Constituez une boule de pâte polymère verte et une autre jaune de la taille d'une noix, afin de réaliser un dégradé vert-jaune assez épais, avec une dominante de jaune. Placez la machine à pâte en position 3 et suivez les indications de la p. 9 pour réaliser le dégradé. Vous devez obtenir une plaque mesurant environ 12 x 5 cm (i).

9. Réalisez un pliage en accordéon afin que la plaque soit moins large et le dégradé plus étiré. Pour cela, réduisez-la dans le sens de la hauteur à l'aide de la machine à pâte et passez-la 3 fois en réduisant l'épaisseur à chaque fois. La pâte doit ainsi être étirée en longueur. Commencez en position 4 pour finir en position 6. Le but est d'obtenir une plaque fine, qui mesure environ 5 cm de large et 20 cm de long (j).

10. Coupez l'extrémité jaune avec la lame Fimo (k).

11. Commencez le pliage en accordéon, en changeant le pli de côté par intervalles de 1 cm jusqu'à la fin du dégradé (l).

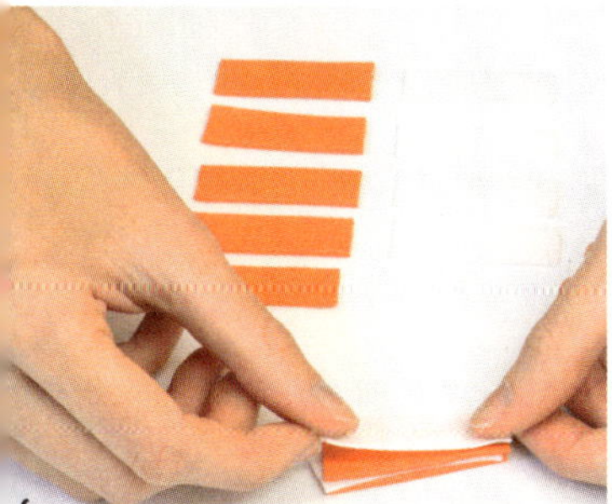
f

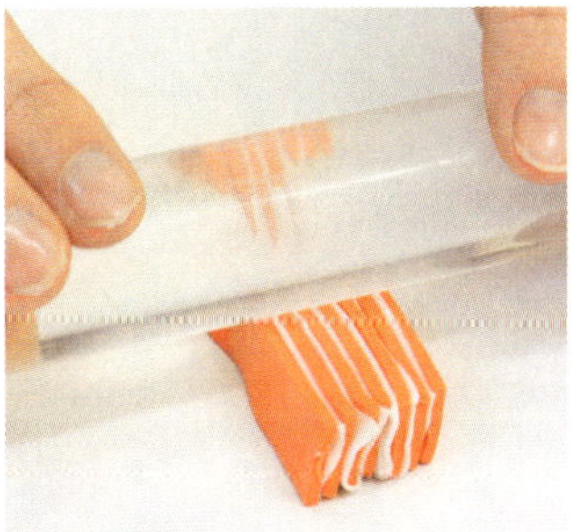
g

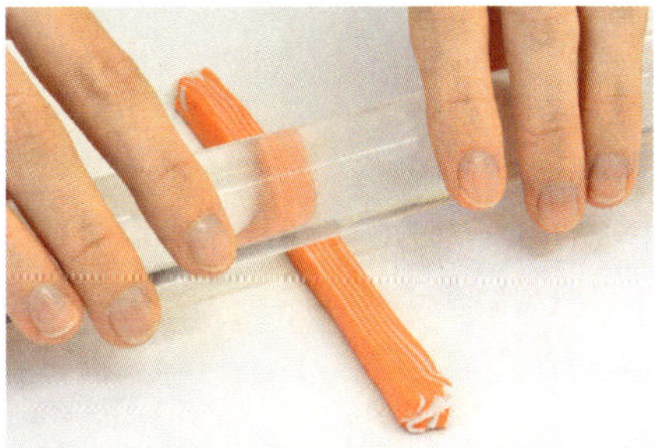
h

i

j

k

l

>>

12. Coupez le surplus de pâte verte avec la longue lame (m).

13. Réduisez la cane ainsi obtenue en passant le rouleau sur les quatre faces ; continuez jusqu'à ce que votre cane mesure 10 mm de haut et 5 mm de large (n).

14. Coupez les extrémités avec la grande lame et mettez de côté 4 cm de cette cane (o).

Préparation de la cane surimi

15. Prélevez une boule de pâte Fimo blanche de la taille d'une olive et faites de même avec la pâte orange. Réalisez un colombin de 5 mm de diamètre avec la pâte blanche (p).

16. Placez la boule de pâte orange dans la machine à pâte, réglée sur la plus petite épaisseur (position 9) afin de créer l'extérieur du surimi (q).

17. Une fois que vous avez obtenu une plaque rectangulaire d'une largeur de 5 cm, disposez-la bien à plat et coupez l'une de ses extrémités à l'aide de la lame Fimo (r).

18. Disposez votre colombin blanc préalablement préparé sur l'extrémité nette de la plaque orange et commencez à rouler la cane vers vous (s).

19. Une fois le premier tour réalisé, coupez l'excédent de plaque orange en prenant soin de coller la lame contre le colombin (t). Prenez soin ensuite de lisser les jonctions avec le doigt pour éliminer toute trace de délimitation.

20. Il ne vous reste plus qu'à couper les extrémités de la cane surimi à l'aide de la petite lame pour en conserver 4 cm (u).

m

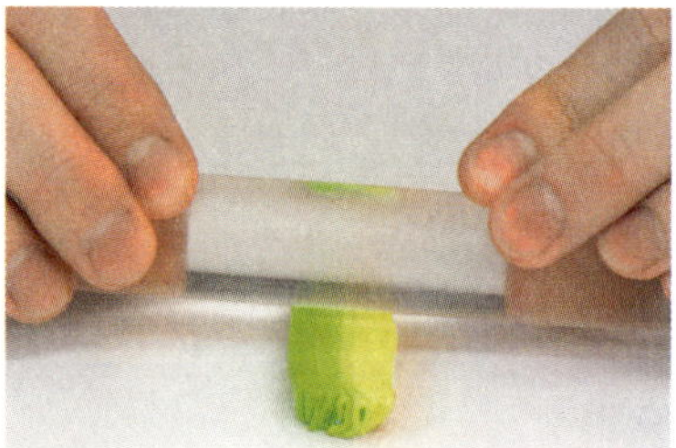

n

o

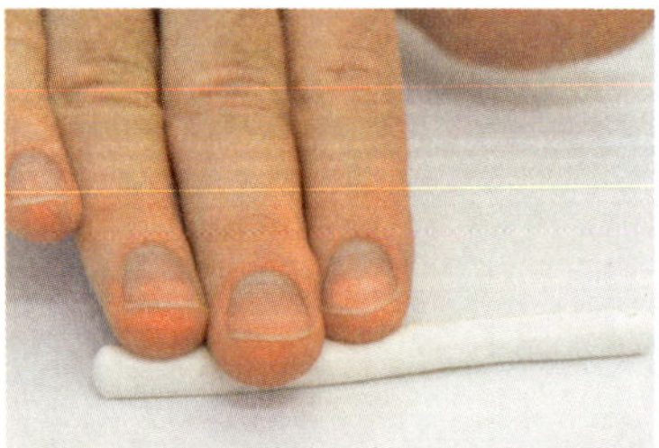

p

q

r

s

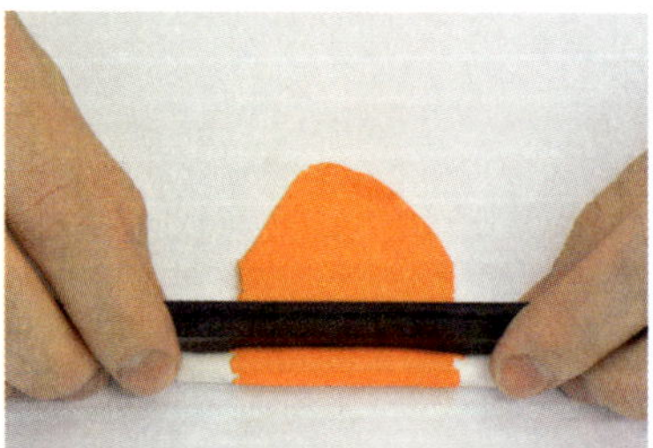

t

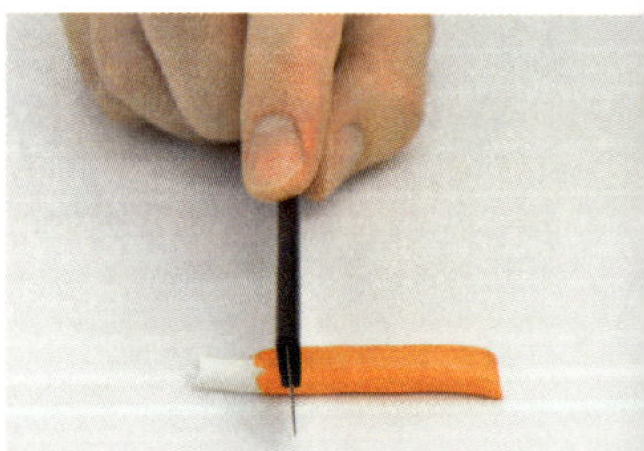

u

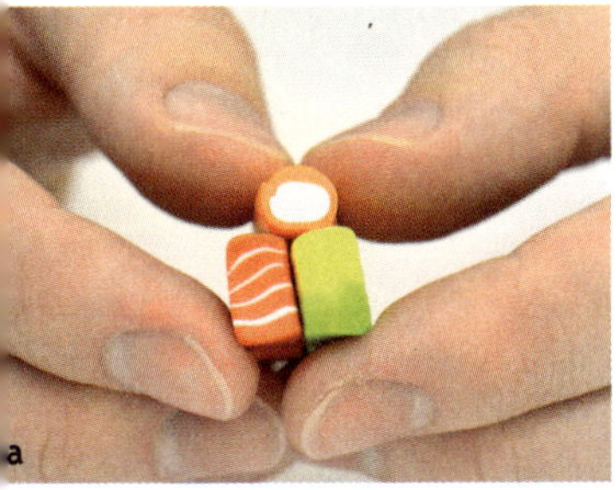
a

b

c

d

e

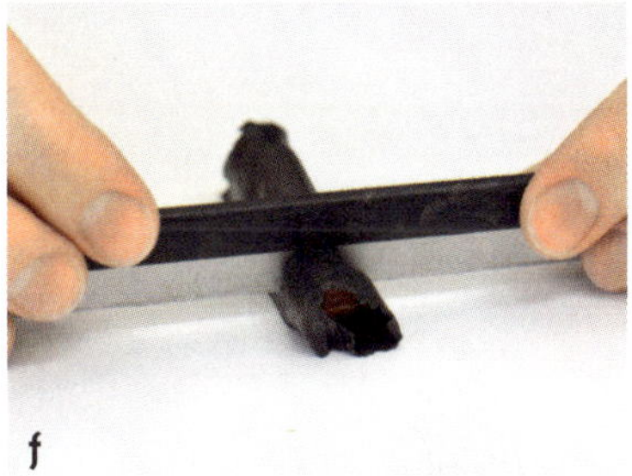
f

g

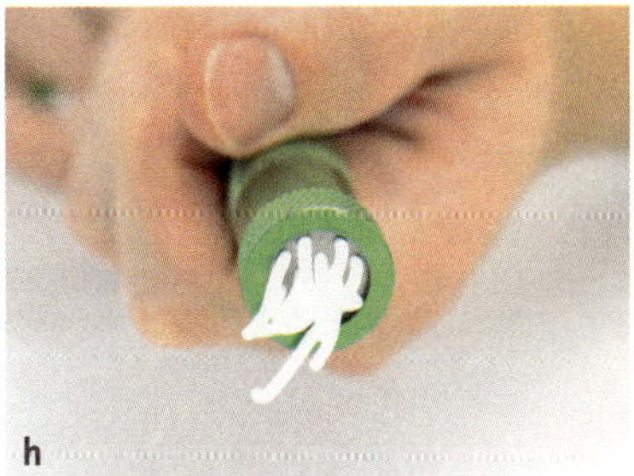
h

i

Assemblage des canes

21. Pour assembler les trois canes (saumon, avocat et surimi), disposez les canes saumon et avocat, de même format, l'une à côté de l'autre dans le sens de la largeur. Placez le vert de la cane avocat vers le bas, pour un résultat plus esthétique. Disposez la cane surimi au centre, en la décalant légèrement vers l'avocat (a).

22. Prélevez une boule de pâte polymère noire de la taille d'une olive. Réduisez-la à l'aide de la machine à pâte, réglée sur la plus petite épaisseur (position 9), afin d'obtenir une plaque rectangulaire de 5 cm de large (b).

23. Disposez la plaque bien à plat et coupez l'une de ses extrémités avec la lame Fimo (c).

24. Disposez les trois canes sur l'extrémité nette de la plaque noire et roulez-les à l'intérieur jusqu'à faire un tour complet (d).

25. Comme pour la cane surimi, coupez l'excédent de plaque noire en prenant soin de coller la lame contre le trio de canes et finissez de rouler (e).

26. Coupez les deux extrémités du trio de canes avec la lame Fimo afin d'enlever le surplus et d'avoir un premier aperçu du résultat final (f). Mettez de côté cette composition pendant la préparation du riz (g).

Préparation du riz

27. Constituez deux boules de pâte polymère, une blanche et une grise, de la taille d'une noix.

28. Installez la pastille adéquate dans la seringue à vis Claygun afin de réaliser des colombins très fins, de 1,5 à 2 mm. Disposez la boule blanche dans la seringue à vis et réalisez des colombins avec la totalité de la boule (h). Reproduisez la même action avec la boule grise.

29. Découpez l'ensemble des colombins de sorte qu'ils mesurent 5 cm de long (i).

>>

»

30. Disposez les colombins gris tout autour du trio de canes, dans le sens de la longueur en prenant soin de les coller les uns contre les autres (j).

31. Une fois le tour de colombins gris réalisé, renouvelez l'opération avec les colombins blancs. Vous obtenez au final une cane d'environ 5 cm de long et 2 cm de diamètre (k).

Conseil *Lorsque vous devez réaliser la même opération avec plusieurs pâtes polymères de couleur différente, commencez toujours par la couleur la plus claire afin d'éviter de tacher la suivante. Pour un résultat optimal, l'idéal est de nettoyer vos mains et vos outils (machine à pâte, Claygun...) à chaque étape.*

Réduction de la cane

32. À partir de votre cane de départ, vous allez réaliser 10 canes de 5 mm de diamètre et de 5 cm de long. Pour cela, commencez par exercer tout autour de la cane de légères pressions avec vos doigts, tout en la faisant tourner (l). Réalisez trois tours de cette manière.

33. Coupez les deux extrémités de la cane à l'aide de la longue lame Fimo afin de vérifier le résultat (m).

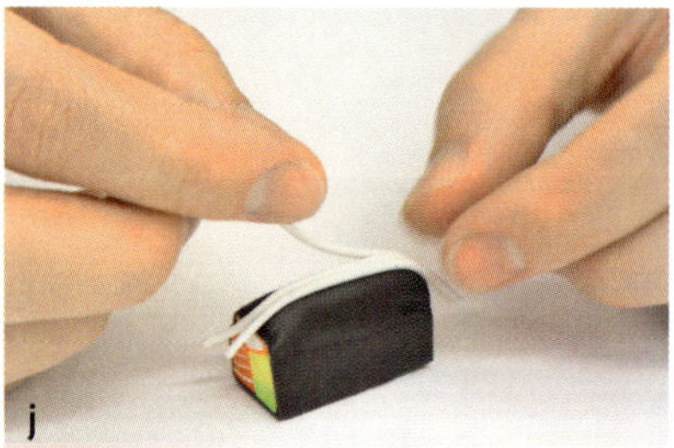
j

k

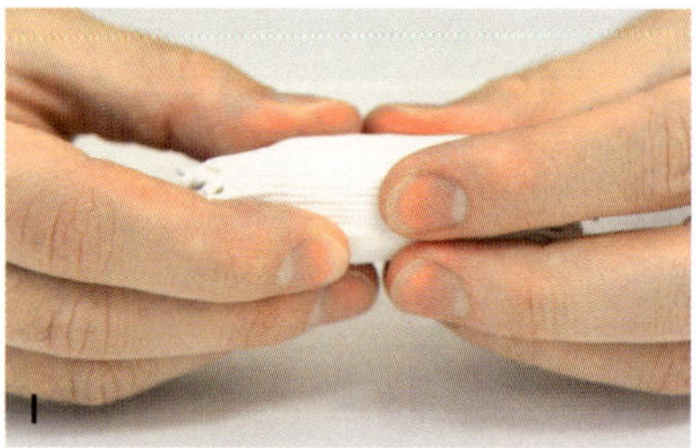
l

m

n

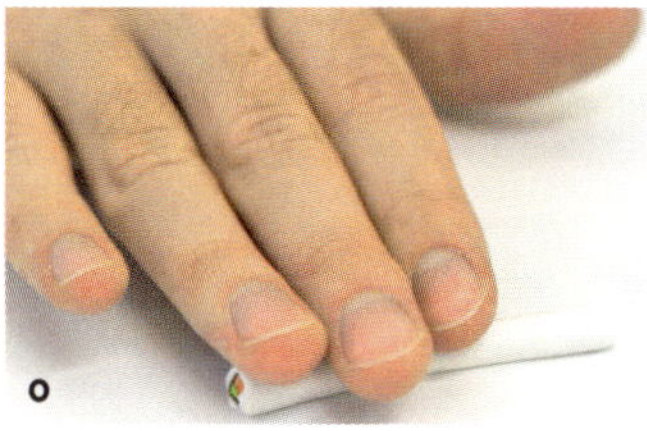
o

Variante

Si vous souhaitez réaliser des variantes de cette cane, vous pouvez par exemple remplacer la cane saumon par une cane thon, en utilisant de la pâte Fimo classic bordeaux (n° 23). Vous pouvez également remplacer la cane surimi par une cane mangue en faisant un simple colombin avec de la pâte jaune. Enfin, si vous souhaitez réaliser des makis classiques vous pouvez réaliser les étapes 22 à 25 après l'étape 33.

34. Réduisez encore la cane en la faisant tourner entre vos doigts, puis coupez-la en deux (n). Plus le travail de réduction est réalisé sur une partie courte, moins vous déformerez le dessin de la cane. Continuez ainsi jusqu'à obtention d'une cane d'un diamètre de 7 mm.

35. Pour réduire la cane à 5 mm de diamètre, utilisez la technique du colombin (o). À cette épaisseur, la cane ne risque plus de se déformer.

36. Sectionnez votre cane en dix morceaux de taille égale. Passez l'ensemble des canes 10 minutes au four à 110 °C afin qu'elles gardent leur souplesse pour les découpes ultérieures.

• CANE MÉTÉO •

Réalisez vous-même une cane représentant un nuage avec une éclaircie ! Vous pourrez l'utiliser telle quelle pour un pendentif, partiellement réduite pour faire des boucles d'oreilles, ou encore réduites complètement pour en faire une cane classique.

NIVEAU DE DIFFICULTÉ : ★★★

★ Matériel

- Pâte Fimo soft blanc n° 0
- Pâte Fimo soft noir n° 9
- Pâte Fimo soft citron n° 10
- Pâte Fimo effect pailletée bleu quartz glacier n° 306
- Collier chaîne forçat couleur argent d'environ 40 cm de long
- Supports pour boucles d'oreilles couleur argent
- 3 anneaux couleur argent clair Ø 5 mm
- 2 anneaux couleur argent clair Ø 3 mm
- Machine à pâte Fimo
- Rouleau pour pâte Fimo
- Seringue à vis Claygun
- 2 pinces plates à bout rond
- 3 lames Fimo
- Lame pour découper les canes
- Règle
- Cure-dents

★ Cuisson

30 minutes au four à 110 °C

Confection de la cane nuage

1. La première étape consiste à créer un nuage en pâte Fimo, avec un dégradé allant du gris au blanc. Pour cela, prélevez une boule de pâte Fimo noire de la taille d'un petit pois et une boule de pâte Fimo blanche de la taille d'une cerise (a). Mélangez-les. Vous obtenez une boule de pâte Fimo gris foncé.

2. Prélevez une boule de pâte Fimo blanche de la taille d'une noix. Étalez la boule blanche à l'aide du rouleau jusqu'à obtenir une plaque d'environ 2 mm d'épaisseur (b).

3. Découpez-la en forme de rectangle avec la lame Fimo, en essayant de perdre le moins de pâte possible (c).

4. Étalez la boule grise à l'aide du rouleau jusqu'à obtenir une plaque d'environ 2 mm d'épaisseur (d).

5. Découpez la plaque obtenue en forme de triangle rectangle. Le plus petit côté doit mesurer 1,5 cm et le plus long doit être un peu plus court que le grand côté de la plaque de pâte blanche. Reportez la taille exacte du triangle sur l'un des angles de la plaque de pâte blanche et découpez-la à l'aide de la lame Fimo (e).

6. Remplacez le triangle blanc par le triangle gris en faisant bien adhérer les deux morceaux ensemble (f).

>>

a

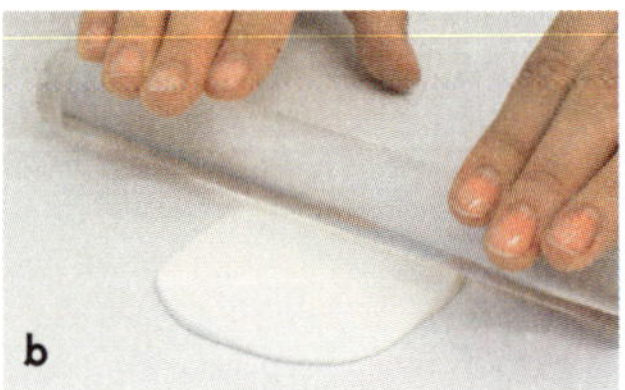
b

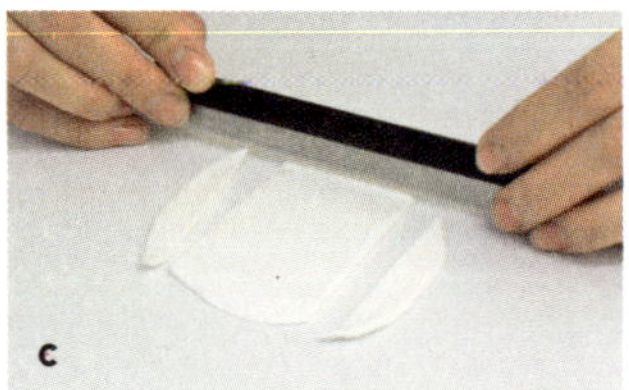
c

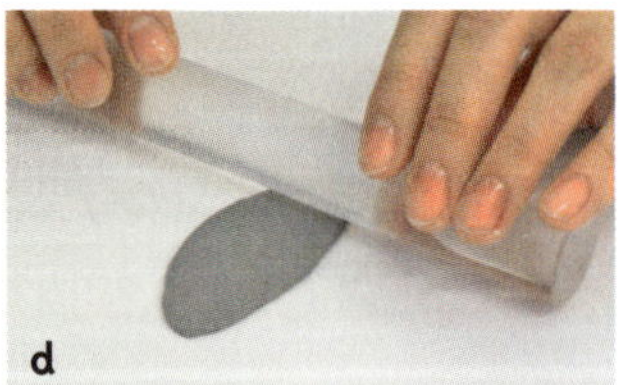
d

e

f

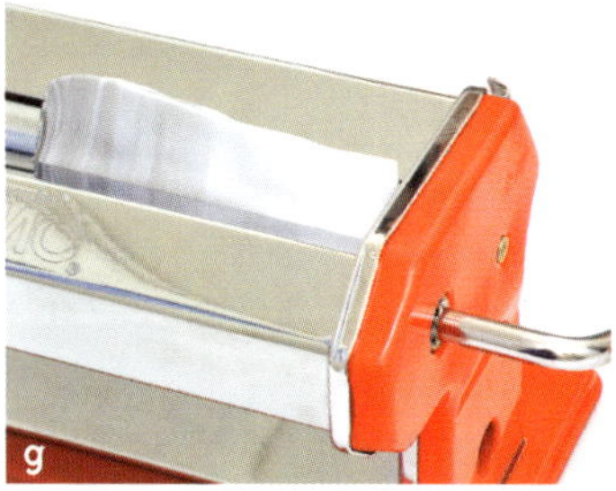

g

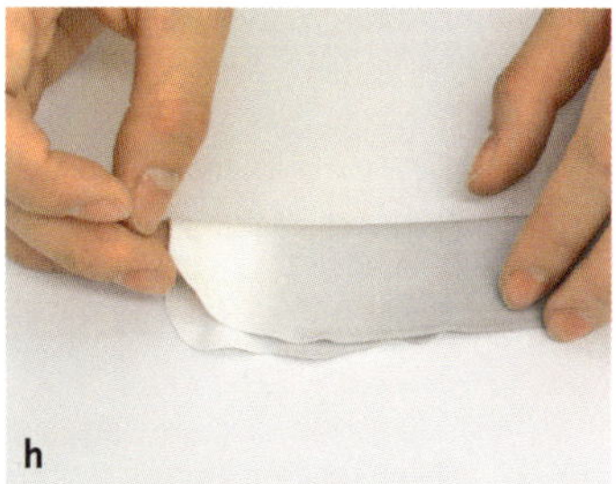

h

i

j

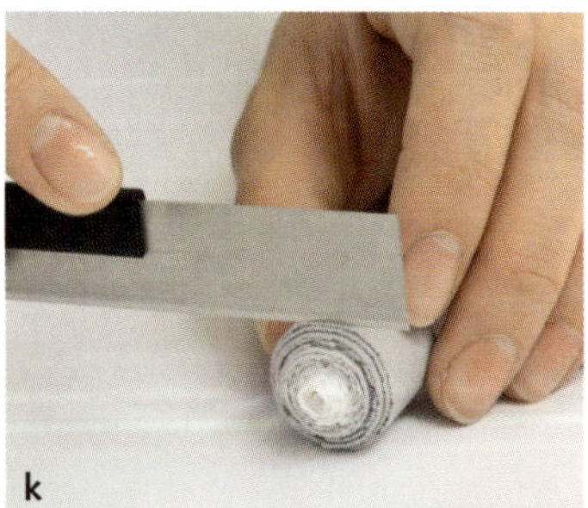

k

»

7. Réglez l'ouverture de la machine à pâte sur la plus grande épaisseur (position 1). Passez la plaque bicolore dans la machine, en plaçant le triangle gris en haut. Pliez en deux la plaque obtenue et repassez-la dans la machine, le pli vers le bas pour éviter d'emprisonner des bulles dans la pâte. Répétez l'opération une vingtaine de fois jusqu'à obtenir un beau dégradé d'environ 2 mm d'épaisseur (g).

8. Une fois le dégradé réalisé, repliez la plaque dans sa longueur de sorte qu'elle mesure environ 2 cm de large (h).

9. Réglez la machine à pâte sur une épaisseur assez fine (position 6 par exemple). Passez la plaque dégradée dedans. Vous obtenez une fine bande dégradée (i).

10. Enroulez-la en commençant par le bord blanc (j). Mettez-la au réfrigérateur pendant 10 minutes pour durcir la pâte.

11. Avec la lame Fimo, découpez chaque extrémité du rouleau afin qu'il mesure 2 cm de long et présente des bords bien lisses (k).

Préparation des gouttes de pluie et du soleil

12. Préparez ensuite les gouttes de pluie en pâte blanche. Pour cela, prélevez une boule de pâte polymère blanche de la taille d'une cerise.

13. Roulez légèrement la boule sous vos doigts pour former un colombin un peu plus fin que le diamètre du corps de la seringue à vis. Dévissez le piston puis l'anneau rétenteur au bout de la seringue. Installez la pastille en forme de goutte dedans, glissez le rondin de pâte dans le corps de la seringue et revissez l'anneau rétenteur (l).

14. Vissez le piston pour extraire la pâte, qui prend alors une forme de goutte. Arrêtez-vous lorsque vous avez recueilli une dizaine de centimètres de colombin (m).

l

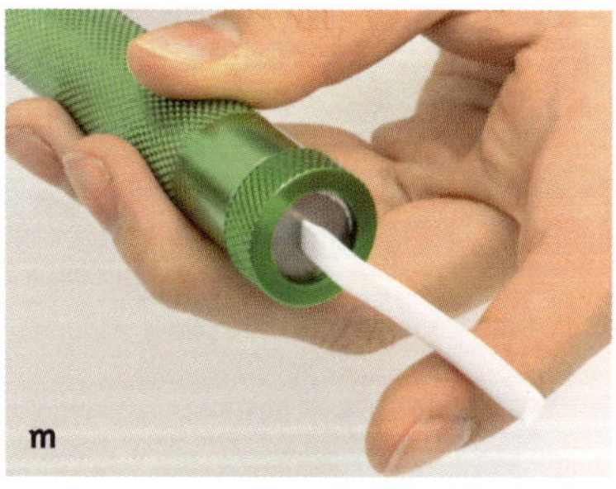

m

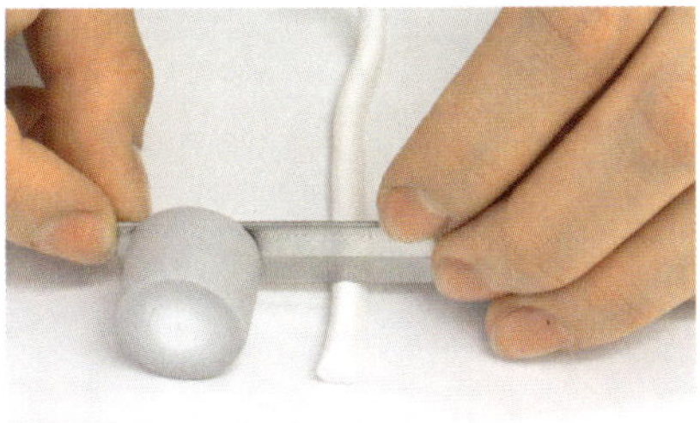

n

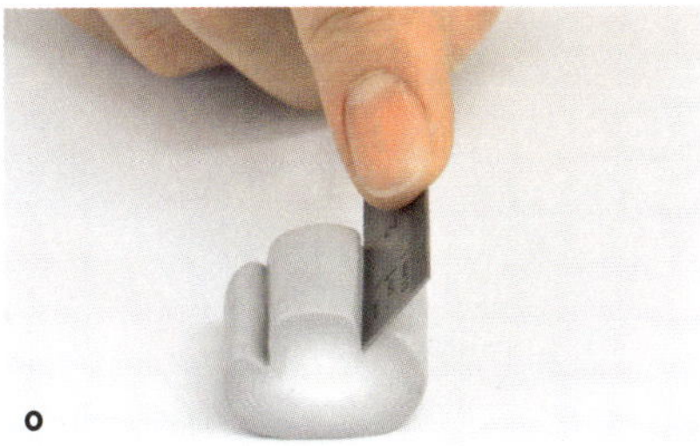

o

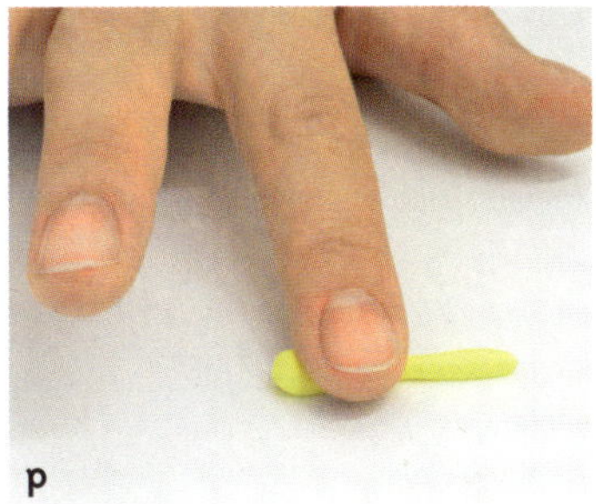

p

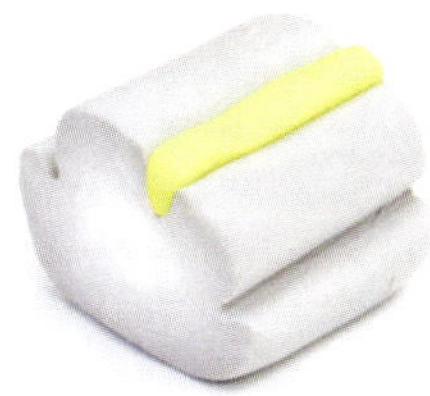

q

r

s

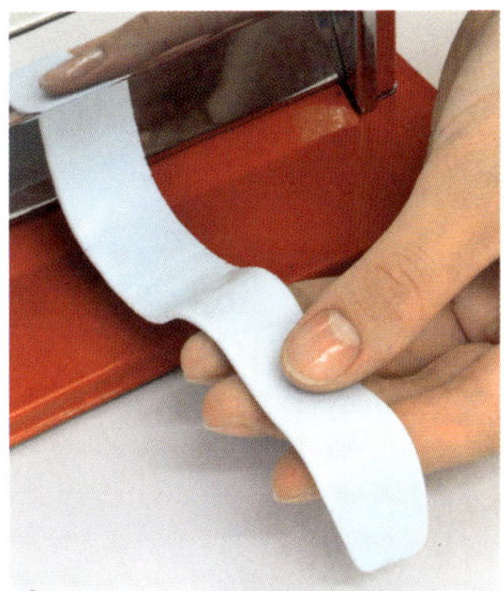

t

15. À l'aide de la lame, découpez trois morceaux de 2 cm de long dans le colombin goutte (n). Mettez-les de côté.

16. Pour mettre en forme le nuage, aplatissez-le légèrement avec les doigts pour rendre sa partie basse plate. Puis formez les arrondis du nuage en l'entaillant légèrement avec le bord de la règle (o).

17. Pour réaliser le soleil, formez tout d'abord un petit colombin de pâte jaune, du même diamètre que l'une des encoches du nuage (p).

18. Coupez ce colombin pour qu'il mesure 2 cm de long, et glissez-le délicatement dans l'une des encoches du nuage (q).

19. Roulez un second colombin de pâte jaune, d'environ 1 cm de diamètre, et coupez-le pour qu'il mesure 2 cm de long. Aplatissez-le d'un côté et posez-le sur le premier colombin jaune déjà en place. Appuyez légèrement dessus pour qu'ils adhèrent ensemble (r).

Réalisation du ciel

20. Prélevez une boule de pâte bleue pailletée de la taille d'une grosse noix. Réalisez un petit colombin de quelques millimètres de diamètre, et coupez-en deux morceaux de 2 cm de long pour combler les autres encoches du nuage (s).

21. Passez un gros colombin de pâte bleue dans la machine à pâte (position 2) afin d'obtenir une bande d'un peu plus de 2 cm de large (t).

>>

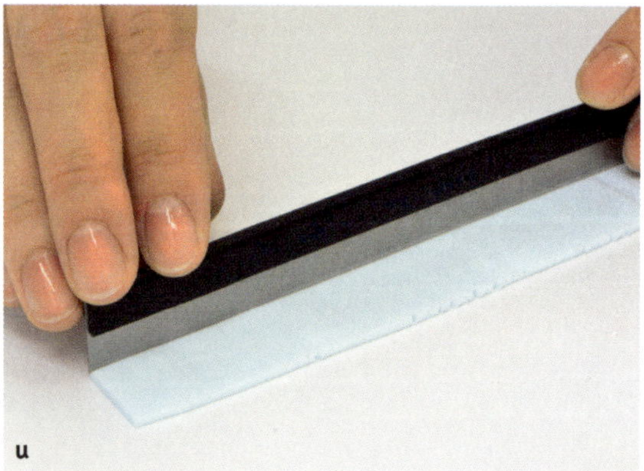
u

v

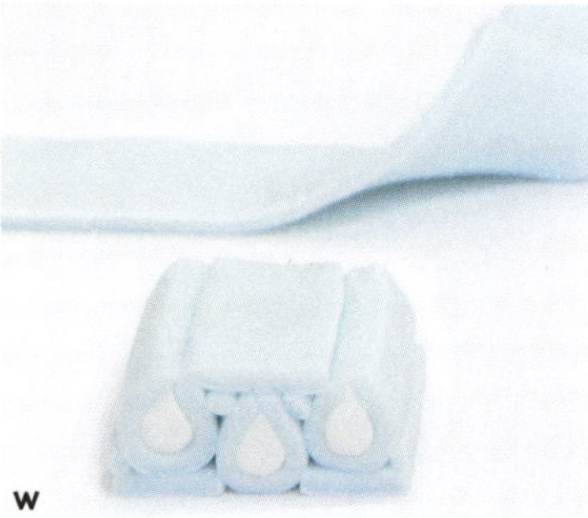
w

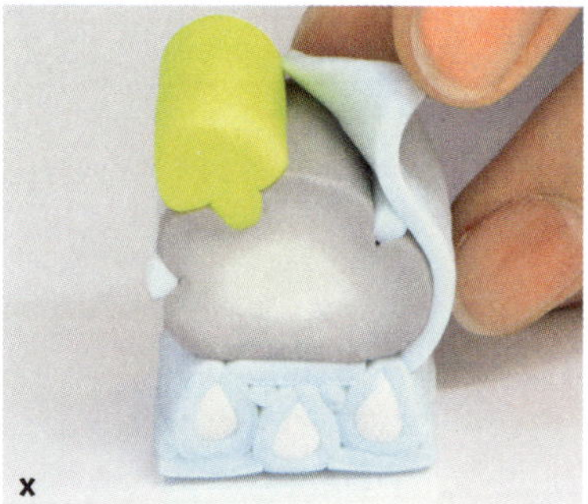
x

y

>>

22. Coupez les bords de cette bande à l'aide de la lame Fimo pour obtenir un long rectangle de 2 cm de large (u).

23. Enroulez successivement chacune des trois gouttes dans un morceau de bande bleue. Coupez celle-ci à chaque fois qu'une goutte est entièrement enveloppée (v).

24. Assemblez les gouttes. Disposez les deux gouttes qui seront à l'extérieur sur un morceau de bande bleue de 7 mm de large et de 2 cm de long ; la goutte du milieu n'est pas surélevée. Placez cette dernière entre les deux gouttes extérieures et ajoutez par-dessus un autre morceau de bande bleue de même dimension que les autres, en prenant soin au préalable de combler les vides avec de petits colombins de pâte bleue de 2 cm de long (w).

25. Positionnez l'ensemble nuage-soleil par-dessus les trois gouttes. Recouvrez le nuage de morceaux de bande bleue, jusqu'à obtenir une cane bien cylindrique (x, y).

26. Votre cane est prête à l'emploi ! Si vous ne vous en servez pas tout de suite, conservez-la au réfrigérateur dans une pochette plastique.

Bon à savoir *Vous pouvez garder vos canes de pâte Fimo au réfrigérateur aussi longtemps que vous le voudrez : ce matériau est très résistant !*

a

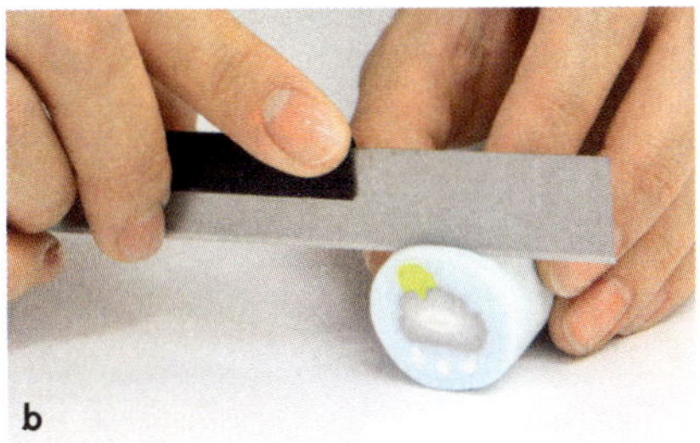

b

c

d

Réduction de la cane et montage des bijoux

27. Pour réduire la cane, appuyez tout autour avec quatre doigts en les plaçant de manière à former un carré. Tournez la cane de 45°, et répétez l'opération jusqu'à ce qu'elle ait le diamètre désiré (a).

28. Placez la cane 10 minutes au réfrigérateur afin de pouvoir la couper facilement.

29. Pour réaliser un pendentif médaillon, coupez une tranche de 4 mm d'épaisseur de cane réduite à environ 3 cm de diamètre (b).

30. Percez un trou à l'aide d'un cure-dents à l'emplacement de l'anneau, ici à 3 mm du bord (c). Placez ensuite le médaillon au four à 110 °C pendant 30 minutes.

31. Réduisez encore votre cane pour réaliser des pendants de boucle d'oreille, ou une cane fine (d).

32. Il ne vous reste plus qu'à monter vos bijoux à l'aide des pinces plates, et à les porter... les jours de pluie !

Variante

À vous d'adapter cette technique de fabrication de cane avec les formes et les couleurs de votre choix. Tous les motifs sont possibles !

POUR ALLER *plus* LOIN

★ Les animaux

★ Les étoiles

★ Les feuilles

★ Les fleurs

★ Les fruitées

★ Les gourmandises

★ Les gourmandises salées

★ Les joueuses

★ Les nœuds

★ Les papillons

★ Les romantiques

★ Les souriantes

★ Les festives

NOËL

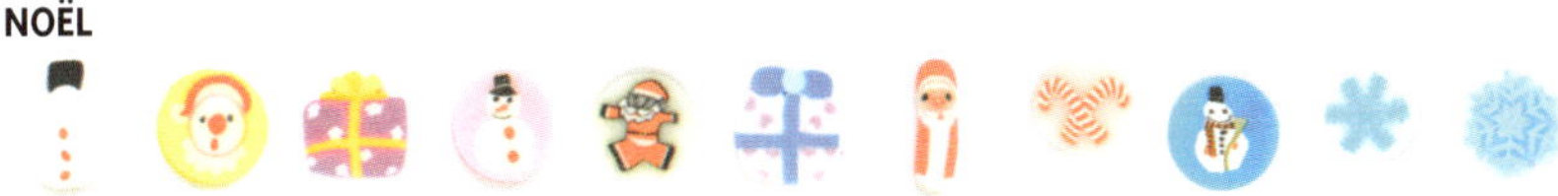

PÂQUES

HALLOWEEN

DIVERS

★ Les polyglottes

Vous avez désormais toutes les cartes en main pour réaliser de magnifiques créations avec les canes et la pâte Fimo. Voici une galerie photo pour vous inspirer !
Les créations présentées ici ont été réalisées à partir des kits « bijoux gourmands » vendus par La petite épicerie.

Coupes glacées

Cupcakes

Tartes

Merci qui ?

Les épiciers qui ont réalisé cet ouvrage, Laura Raynal, Emmanuelle Beaupère, Anne Sancey, Emmanuelle Labouré, Marie Bretin, Médéric Mille et Laura Nicoulaud, remercient vivement :
l'Usine à lunettes, pour nous avoir gentiment envoyé les jolies lunettes de la p. 10 ;
Nathalie Delimard d'Abracadacraft®, pour nous avoir conviés à participer à l'aventure de ce livre ;
tous nos clients et notre communauté, qui nous inspirent chaque jour, nous donnent toujours plus de défis à relever et font vivre notre projet.

Qui a fait quoi ?

Une collection éditée en partenariat avec Abracadacraft (www.abracadacraft.com)

Photographies d'ambiance et stylisme : Caroline Briel / CINQMAI (www.carolinebriel.com)
Photographies d'étapes + galerie photo : La petite épicerie
Conception graphique et mise en pages : Julie Simoens

Les vidéos disponibles sur Internet présentant les gestes techniques et un portrait des auteurs sont réalisées par CutCut Prod (www.cutcutprod.com) et Abracadacraft®.

© Groupe Eyrolles, 2014
61, bd Saint-Germain
75240 Paris Cedex 05
www.editions-eyrolles.com

ISBN : 978-2-212-13877-1
Tous droits réservés.

Copier créer, certes mais :

Les modèles de cet ouvrage sont protégés par la loi, selon le Code de la propriété intellectuelle. Ils ne peuvent donc être reproduits que pour une utilisation strictement privée. Toute exploitation commerciale de ces modèles est formellement interdite sans l'accord préalable de l'Éditeur.

Dépôt légal : février 2014
n° d'éditeur : 9182
Imprimé en Espagne par Ingoprint